Entre sentencias, doctrina y derecho:

Un recorrido a través de ensayos jurídicos

Joel Alejandro Almeda Frutos[1]

CADUCEUS

1 Abogado postulante en materia administrativa y juicio de amparo. Maestro en derecho constitucional y derechos humanos. Especialista en justicia constitucional. Máster en sistema constitucional y juicio de amparo. Profesor de derecho.

ENTRE SENTENCIAS, DOCTRINA Y DERECHO:
UN RECORRIDO A TRAVÉS DE ENSAYOS JURÍDICOS

Editado por: Corporación Ígneo, S.A.C.
para su sello editorial Caduceus
José Olaya 169, Ofic. 504, Miraflores. Lima, Perú
Primera edición, agosto, 2025

ISBN: 978-956-6404-85-9

N°de registro de Derechos de Autor: 03-2025-052812202000-01

www.grupoigneo.com
Correo electrónico: contacto@grupoigneo.com | Teléfono: +51 955 071 270
Facebook: Grupo Ígneo | X: @editorialigneo | Instagram: @grupoigneo

Contenido

INTRODUCCIÓN

La presente obra es una compilación de dieciséis ensayos académicos, concebidos originalmente como trabajos de posgrado. La publicación de estos ensayos representa la culminación de un arduo proceso de investigación, estudio y análisis, con el objetivo de alcanzar la máxima calidad académica.

La motivación inicial para la creación de esta obra surgió de un anhelo personal: obtener el reconocimiento al mejor promedio de mi generación de maestría. Este objetivo se convirtió en el motor que impulsó la dedicación, la constancia y el estudio asiduo que resultaron indispensables para cumplir mi sueño.

El esmero y la disciplina fueron fundamentales, pero también fue necesario realizar sacrificios, como dedicar más tiempo y rigor metodológico a cada trabajo. La recompensa a este esfuerzo fue lograr el mejor promedio de la generación, con un promedio final de 9,94, y el reconocimiento académico correspondiente, palpable documentalmente.

Los ensayos que conforman esta obra son el resultado de la reflexión crítica y analítica sobre diversos temas jurídicos, desde una triple visión: (i) la del abogado litigante; (ii) la del profesor de Derecho; y (iii) la del constante estudiante del *ius*. Estos trabajos fueron sometidos a la evaluación de mis profesores y profesoras de maestría, grandes juristas, quienes avalaron su calidad académica.

Si bien estos ensayos no proponen novedosas teorías jurídicas, sí plantean nuevas perspectivas sobre diversas materias, promueven la visibilización y concepción de principios que, a mi juicio, son derechos humanos, y cuestionan, desde el respeto y un alto rigor de escrutinio, la actuación de los tribunales y sus sentencias.

Con la publicación de esta obra, más que el reconocimiento, me interesa generar en las personas lectoras la inquietud por profundizar en los temas analizados, así como fomentar la lectura encaminada hacia la sana crítica o la crítica discursiva de la doctrina y las sentencias judiciales que pasaron por el tamiz crítico y analítico que les apliqué. Deseo y espero que esta producción académica contribuya, en las y los lectores, a la formación de un criterio jurídico propio y al debate constructivo en el ámbito del Derecho.

Ensayo analítico a la obra Las claves de la argumentación, de Anthony Weston

*A **Dios** por ser mi sustento; mi fortaleza y mi guía.*
Gracias a Él por darme todo lo que necesito.
*A ti, **Padre**, dedico la totalidad de esta obra, porque sin tu dirección, sin tu ayuda, y sin tu voluntad, este trabajo no habría salido a la luz.*
¡Gracias, Señor!

Sumario

I. Introducción

En agosto de 2025 se cumplirán treinta y nueve años de la publicación de la obra de Anthony Weston, *Las claves de la argumentación*, y no deja de sorprender la relevancia que tiene la sustancia material de sus letras, hablando desde un doble aspecto: primero, por lo que hace a la argumentación en general; y segundo, particularmente en el ámbito de la labor jurídica de las personas dedicadas al estudio y ejercicio del derecho.

En este trabajo se realizará un ensayo analítico sobre lo escrito por el autor cuya obra nos ocupa, y medularmente sobre las técnicas de argumentación que nos ofrece y su aplicabilidad en torno a la actividad de las y los abogados.

II. El ensayo analítico a *Las claves de la argumentación*

Como punto de partida, hay que advertir un primer elemento esencial del documento que se analizó: es prácticamente nula la especificidad de distinción por área o materia; es decir, la obra de Weston no habla específicamente sobre la argumentación dirigida a la labor jurídica o alguna otra disciplina, sino que las reglas y técnicas a las que alude son, en términos genéricos y abstractos, aplicables a cualquier profesión, e incluso dentro de la arena de un debate. Este aspecto permite tener un primer acercamiento al quehacer de la argumentación para quienes desconozcan su importancia en una profesión como lo es quienes nos dedicamos al derecho.

Ahora bien, un planteamiento en forma de análisis que aquí se realizará es a través de la pregunta: ¿Qué tanta importancia podría tener la obra en cuestión si no habla especialmente sobre argumentación jurídica?

Prima facie, uno podría pensar que, al no tratarse de un trabajo dirigido a conocer las técnicas de la argumentación jurídica, su aplicabilidad sería inexistente, poco útil o de matices muy difusos. Sin embargo, este pensamiento nos acerca peligrosamente al error y, de hecho, es derrotado por el propio texto del libro, porque se contrapone a la exploración de mayores argumentos atinentes a la cuestión planteada.

El método de enseñanza y la importancia que tiene la construcción de los argumentos a partir de los métodos que nos refiere el autor en su obra, dan muestras claras y contundentes de que aunque se trate de un trabajo generalizado y no concretizado a la labor de las y los juristas, es perfectamente admisible y hasta obligatoria su lectura en tratándose de la comunidad jurídica.[2]

Esto es así debido a que, como un primer acercamiento a *Las claves de la argumentación* desde un plano total, sin que el autor aborde una argumentación cuyos destinatarios sean juristas, resulta enriquecedor pero, a la vez, preocupante, porque pienso que deja al desnudo vacíos que podrían [podríamos] llegar a tener quienes ejercemos el derecho al no conocer las particularidades de la argumentación explicada en forma general, mucho menos la relativa a la argumentación jurídica, que comporta técnicas mucho más rigurosas y elaboradas dada la complejidad de la terminología legal con sus tecnicismos.

Ahora bien, en aras de obtener datos analíticos que nutran y den sustento al presente ensayo, se estimó necesario el empleo de una encuesta aleatoria a personas de la comunidad jurídica para saber cuestiones atinentes a la argumentación y argumentación jurídica. Fueron ciento cuatro personas las que respondieron los planteamientos formulados, y que, por cuestión de método, se considera pertinente mostrar los resultados obtenidos:

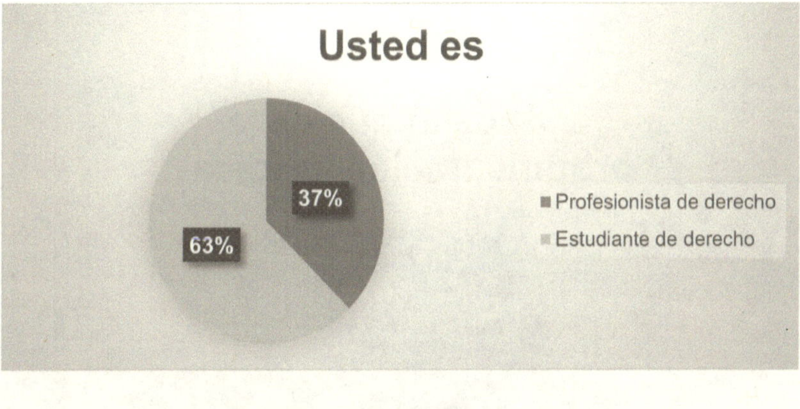

2 Entiéndase esta como profesionistas del derecho y estudiantes de la licenciatura, estos últimos aunque no tengan un título y cédula profesional, opino pertinente tomarles en cuenta como parte de la comunidad jurídica por el simple hecho de estudiar el *ius*.

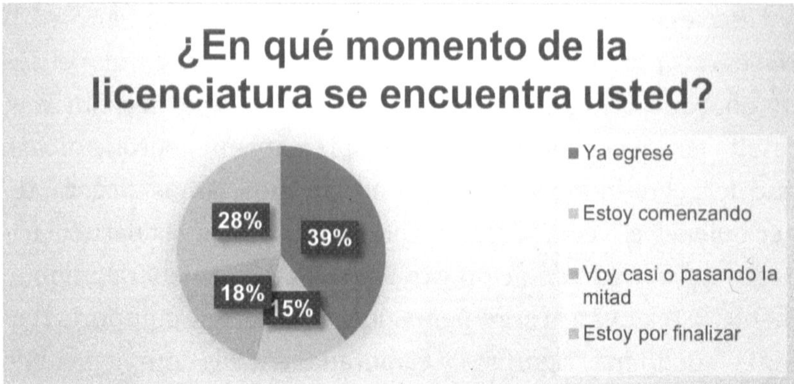
¿En qué momento de la licenciatura se encuentra usted?
28%
39%
18%
15%
Ya egresé
Estoy comenzando
Voy casi o pasando la mitad
Estoy por finalizar

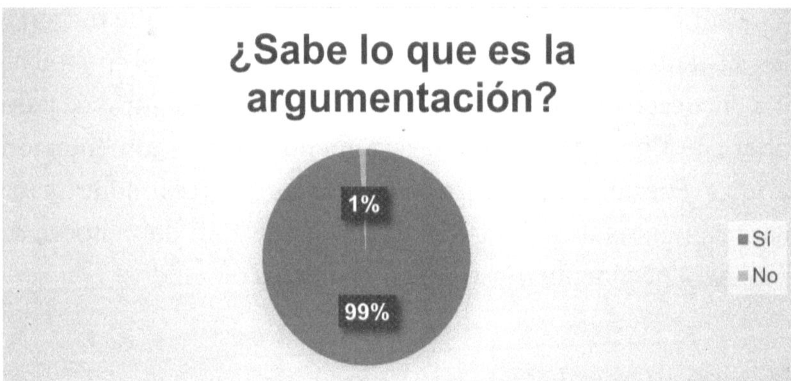
¿Sabe lo que es la argumentación?
1%
99%
Sí
No

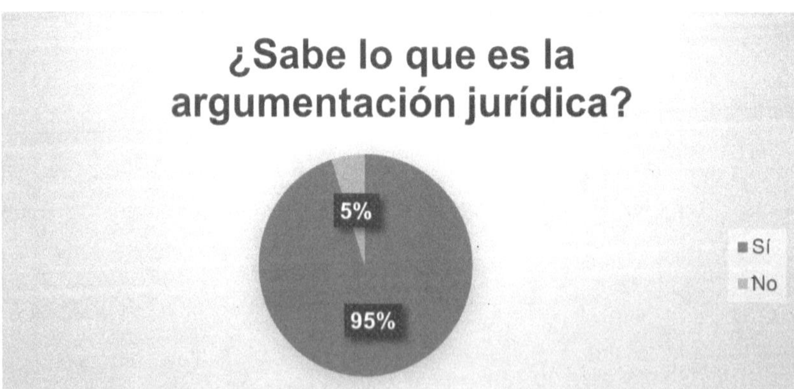
¿Sabe lo que es la argumentación jurídica?
5%
95%
Sí
No

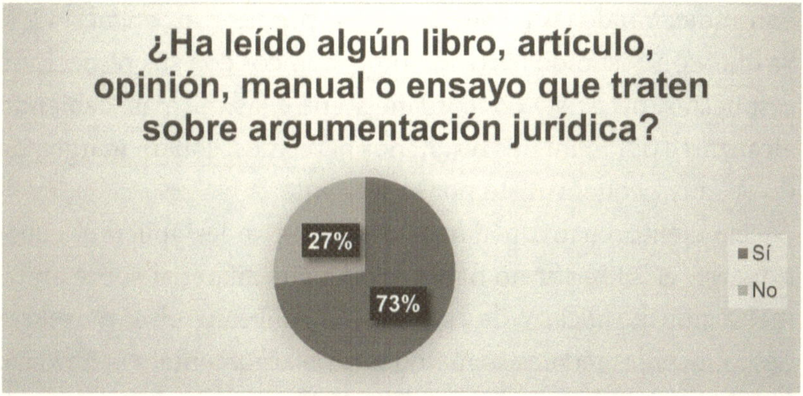
¿Ha leído algún libro, artículo, opinión, manual o ensayo que traten sobre argumentación jurídica?
27%
73%
Sí
No

¿Conoce las técnicas o reglas de la argumentación?
54%
46%
Sí
No

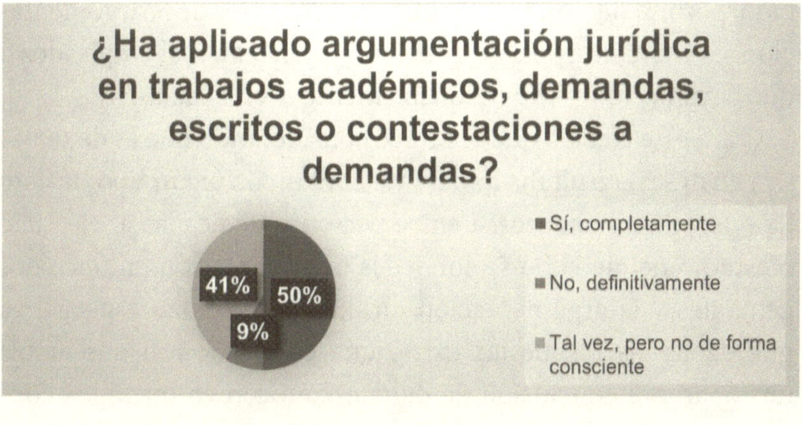
¿Ha aplicado argumentación jurídica en trabajos académicos, demandas, escritos o contestaciones a demandas?
41%
50%
9%
Sí, completamente
No, definitivamente
Tal vez, pero no de forma consciente

De las preguntas formuladas, las tres últimas son las que cobran relevancia y las que, paradójicamente, permiten arribar a la contradicción de las respuestas dadas por las y los encuestados, ya que, contrastando los tres últimos tópicos con sus respectivas respuestas, no existe concordancia entre las mismas, debiendo alcanzarse por lo menos resultados parecidos, con un margen de error muy pequeño. Esto por lo siguiente:

De ciento cuatro personas a quienes se les aplicó el cuestionario, el 73 % afirmó haber leído algún material sobre argumentación jurídica, y de este mismo universo, el 46 % refirió desconocer las técnicas o métodos de la argumentación jurídica. Sin embargo, el 50 % dice que ha utilizado argumentación jurídica, mientras que el 41 % contestó que tal vez la ha usado, pero de forma no consciente, y apenas el 9 % señala que definitivamente no ha empleado metodología argumentativa en el ámbito jurídico.

El contraste es evidente: la mayoría de los encuestados son estudiantes, la mayoría dice haber leído algo sobre argumentación jurídica, pero el porcentaje cae abruptamente cuando se trató de saber si conocen las técnicas de argumentación. Y la mitad dice que ha utilizado la argumentación jurídica en escritos, trabajos o demandas, lo que implica entonces que han argumentado, pero, al desconocer los distintos métodos de la argumentación, es altamente posible que estos hayan sido mal empleados o que hayan caído —muy probablemente— en falacias.

Para este trabajo que se ofrece considerando que es de temática analítica, resultaba imperante contar con algún tipo de dato que permitiera analizar si entre personas dedicadas al ejercicio o estudio del derecho se conoce la argumentación en términos generales y la argumentación jurídica como trazo especial, ya que dadas las respuestas existe una contradicción que arroja una aparente conclusión de que desconocen en términos concretos y correctos de lo que es argumentar, pues dentro de las propias preguntas las personas encuestadas no advirtieron que la pregunta seis se refiere a técnicas de argumentación en un aspecto general, mientras que la pregunta siete habla específicamente sobre argumentación jurídica.

Así, podemos considerar que de conocer el método deductivo vía *modus ponens*, las personas que respondieron no habrían caído en el error al confundir argumentación con argumentación jurídica.[3] Esto evidencia de manera muy importante lo necesario que es conocer esta disciplina; sus métodos y sus técnicas, estar en alerta de las posibles falacias en que podríamos incurrir ya sea al momento de esgrimir un argumento, en la construcción de una encuesta o en la respuesta que se le dé a la misma.

Pasando a otra tesitura, la obra de Weston emplea un método accesible en su lenguaje y ejemplos que permiten tener un importante acercamiento —general y abstracto, pero no por ello menos valioso— con las técnicas para una buena, eficiente y correcta argumentación.

La argumentación permea la vida cotidiana de las personas, como se pudo observar en los ejemplos usados por el autor, desde la citación de un pasaje de un personaje de ficción como Sherlock Holmes hasta cuestiones atinentes a la política y a los candidatos para un puesto de elección popular.

«La importancia de la argumentación es, en el gran campo jurídico, insoslayable»,[4] siendo impostergable y necesario conocer sus tipos; sus técnicas y métodos visualizándolos como instrumentos de empleabilidad para la labor jurídica, sumado a lo anterior en materia de *iure* las expresiones lingüísticas cobran una relevancia mucho mayor, pues estas requieren de un alto rigor técnico al momento de elegir las palabras que vayamos a utilizar.

---

3 Distinción implícita que, a manera de corrección, nos hace Manuel Atienza en la obra *El derecho como argumentación*.

4 Bazán Ortega, Sergio. *Argumentación Jurídica Práctica. El neotrivium, una concepción propedéutica contemporánea*. México: Centro Universitario de Estudios Jurídicos, 2020. pág. 18.

No es exagerada la afirmación que se hace en el sentido de que las y los juristas estamos obligados a conocer el significado de las palabras en un sentido general, pero sobre todo y más allá en un aspecto netamente jurídico como parte de una correcta argumentación para su construcción. Sirve como ejemplo la palabra «repetición» cuyo significado genérico no estimo necesario referir, pero que en derecho significa «la facultad consistente en la reclamación de algo que se ha pagado indebidamente o de lo que se ha pagado por un tercero».[5]

De esta manera, considero que la argumentación y sus técnicas no solamente son imprescindibles como Anthony Weston propone, sino que también en el área jurídica debemos comprender y atender al catálogo de significaciones que puedan tener las palabras a fin de evitar los yerros y los ilícitos argumentativos.

Dentro del diverso catálogo de técnicas de la argumentación, es sabido que la utilización del método deductivo es de los mayormente empleados, pero conocer las subdivisiones en que puede usarse esta técnica —ya sea en el *modus ponens* o *modus tollens*— creo que eleva el reto para saber aprovechar los beneficios de este tipo de argumento por deducción, que, sin lugar a dudas, es aplicado a cada instante por las y los abogados postulantes o académicos, aunque muy probablemente de manera inadecuada, incompleta y hasta inconsciente, puesto que la argumentación jurídica —por desgracia— no es algo a lo que se le suela prestar mucha atención, siendo un aspecto fundamental en la práctica y estudio del derecho.

Sabiendo perfectamente que el presente ensayo es de tipo analítico y a esto debería constreñirse este estudio, no puedo dejar de lado lo extremadamente importante que me parece el rumbo que tomará la analogía: por un lado, en su vertiente de argumentación jurídica; y, por otro lado, en cuanto a método

5 De Pina, Rafael y y De Pina Vara, Rafael. *Diccionario de Derecho*. 37. México: Porrúa, 1965. pág. 440.

de razonamiento se refiere, puesto que el entendimiento y la aplicabilidad de las decisiones judiciales cambió sustantivamente a raíz de las reformas constitucionales y legales del año dos mil veintiuno, que derivaron en la instauración del sistema de precedentes judiciales.

Por lo tanto, quienes nos dedicamos al derecho, con este sistema debemos hacer un análisis mucho más íntegro, exhaustivo y acucioso de las sentencias judiciales y, a través del método analógico, verificar si los aspectos abstractos y generales de una sentencia pueden trasladarse a otro caso que comporte especificidades similares para su resolución. De ello, considero, va a depender en un alto grado el éxito o fracaso de quienes nos dedicamos al ejercicio del derecho si no atendemos a los precedentes judiciales y su aplicabilidad en el sistema jurídico mexicano.

III. Conclusiones

Sin temor a equivocarme, la obra *Las claves de la argumentación*, de Anthony Weston, es una obra que trascenderá en los tiempos y, aunque suene aventurada la comparación, en algún momento será literatura clásica al nivel de los grandes pensadores de años anteriores a Cristo, cuyas obras hoy tenemos y que no dejan de estar vigentes.

De la lectura y del análisis al libro, pude percatarme de ciertas deficiencias que, como profesional del derecho, tengo, y este primer hallazgo da pauta a una posibilidad de mejorar sustantivamente en pos de mejorar el desempeño profesional del derecho como postulante y académico.

La argumentación, en un aspecto genérico, debería ser traída no como una asignatura optativa ya sea en niveles de educación media o superior, sino que, para el correcto uso del lenguaje escrito o hablado, considero que debería ser obligatoria desde la educación básica a nivel secundaria, como un preámbulo, tal cual lo establece el propio Weston, puesto que ello implica forzosa y necesariamente la aplicación del razonamiento, que no es otra cosa sino el esfuerzo del cerebro humano.

Por lo que hace a la argumentación en la materia del derecho, el impacto de la obra analizada es de tal magnitud que, definitivamente, debería considerarse como bibliografía obligatoria desde las primeras etapas del estudio en la licenciatura en derecho, y la materia de argumentación jurídica permear de lleno los planes de estudio.

Sin embargo, es toral citar que la obra de Weston, la de Atienza o cualquier otro autor como Pierluigi Chiassoni, cuyos aspectos valorativos se centren de manera especializada en la argumentación genérica y argumentación jurídica, no deben ni pueden limitarse exclusivamente a cuestiones metateóricas, como si de una lectura más se tratara, sino que, a partir del diseño de un modelo de hibridación que permita tanto la explicación teórica como la aplicación práctica, se crearía un núcleo duro que, eventualmente, daría entrada a un análisis y estudio introductorio vectorizado en argumentación en general para luego partir hacia la profundización de la argumentación jurídica, que es ya más especializada.

Así, la concatenación de ambas visiones —una de ellas estudiada con posible antelación en la educación básica secundaria y media superior, y la que se ceñirá a la especificidad del derecho— daría como resultado un beneficio y provecho en múltiples direcciones: (i) Estudiantes de cualquier licenciatura con conocimientos básicos de argumentación; (ii) Estudiantes de la licenciatura en derecho con conocimiento *a priori* sobre argumentación; (iii) Una mayor y mejor comprensión de la argumentación en ejercicios de las materias que comporten derecho procesal; (iv) Abogadas y abogados capacitados en transmitir sus comunicaciones por escrito en forma de demandas, contestaciones a demandas e, inclusive, sentencias; (v) Una argumentación más sólida en audiencias donde rija la oralidad y la posibilidad de mayor alerta para objetar cuando se esté en presencia de una falacia dicha; (vi) Una sociedad que se verá beneficiada con abogadas y abogados preparados para diligenciar adecuada y óptimamente los asuntos que sean sometidos a ellos para su resolución o de forma preventiva a una controversia.

Las claves de la argumentación es una obra extremadamente rica que tanto permite dilucidar áreas de oportunidad con un lenguaje fácil de entender como darnos cuenta de lo mucho que se desconoce sobre argumentación, y que hay que poner manos en ello para ser mejores juristas en sus diversas manifestaciones: mediación, litigio, docencia, impartición de justicia, investigación, etcétera.

Para concluir, sin ánimo de parecer presuntuoso, me cito a mí mismo cuando estoy impartiendo clases a mis estudiantes de la licenciatura en derecho: «Podríamos tener a alguien con un doctorado en cada una de las ramas del derecho, y aun así deberá seguir estudiando porque el derecho está en constante cambio y evolución».

IV. Fuentes de consulta y referencias

1. Atienza, Manuel. *El Derecho como Argumentación.*
2. Bazán Ortega, Sergio. *Argumentación Jurídica Práctica. El neotrivium, una concepción propedéutica contemporánea.* México: Centro Universitario de Estudios Jurídicos, 2020.
3. De Pina, Rafael y y De Pina Vara, Rafael. *Diccionario de Derecho.* 37. México: Porrúa, 1965.
4. Weston, Anthony. *Las claves de la argumentación.* [trad.] Blanca Ribera de Madariaga. 11a. Barcelona: Editorial Ariel, S. A., 1987.

Ensayo crítico a Víctor Ferreres Comella y su defensa de la rigidez constitucional

A la memoria de mi querido ***tío Edgar****; quien fuera como un segundo padre. Gracias a tus enseñanzas he logrado cumplir muchos sueños, espero que en donde te encuentres te sientas orgulloso de mí.*

Sumario

I. Introducción

En el año 2002 se publicó la obra que lleva por título *Teoría Constitucional y Derechos Fundamentales*, en la cual el doctor Miguel Carbonell compiló de una manera extraordinaria una serie de trabajos de producción *ius* científica de prominentes juristas estudiosos del derecho.

Dentro de los muy diversos temas que abordan el libro anteriormente referido, se encuentra uno en particular que me parece de lo más relevante para el constitucionalismo y especialmente para la teoría de la Constitución. En veintidós páginas[6] el Maestro Víctor Ferreres Comella, defiende la rigidez de la Constitución, de hecho el tema que él aborda lo titula justamente como «una defensa de la rigidez constitucional».[7]

A este respecto, cabe señalar que si el doctor Ferreres consideró oportuno defender la rigidez de la *lex superior*, indubitablemente había quien atacara esa rigidez que caracteriza a cierto tipo de Constituciones. El sentido del texto analizado se justifica en razón de que existen detractores u opositores a que ciertas Constituciones se caractericen por tener una tipología rígida, lo que da una pauta clara de la justificación del por qué denominar así su brillante obra. El contenido sustantivo y la argumentación ofrecida es valiosa en todo su contexto debiendo ser —a mi juicio— obligatoria su lectura.

No obstante, sin denostar el enriquecedor ensayo que nos ofrece el autor —pues su trabajo y producción literaria jurídica

6 Ferreres Comella, Víctor. Una Defensa de la Rigídez Constitucional. [comp.] Miguel Carbonell. *Teoría Constitucional y Derechos Fundamentales*. Ciudad de México: Comisión Nacional de Derechos Humanos, 2002, págs. 65-87.

7 Este trabajo del Maestro Comella, fue publicado en *Doxa*, núm. 23, Alicante 2000.

es admirable y altamente recomendable además de contemporánea y moderna en pensamiento—, este análisis crítico versará sobre la limitación que se autoimpuso el jurista Ferreres al no mirar su estudio más allá de algunas Constituciones europeas y la de los Estados Unidos de Norteamérica, pues a consideración de quien realiza el presente ensayo desde una crítica en extremo respetuosa y sana, el estudio sobre la rigidez constitucional y su defensa, está incompleta, y está incompleta o, mejor dicho, corta de visión por no ver más allá de la Constitución del país con trece barras y cincuenta estrellas en el continente americano.

II. El ensayo crítico a la rigidez constitucional de Víctor Ferreres Comella

La rigidez constitucional es uno de los baluartes más importantes del constitucionalismo, por supuesto, para que esta premisa sea válida deben conjugarse ciertos elementos. Algunos teóricos del derecho y representantes de los órganos del Estado en ciertas latitudes quizá no hallen razones para que una norma fundamental sea rígida, pero la historia de la humanidad ha demostrado que se necesitan controles, controles que aseguren y garanticen la supremacía y supralegalidad de la Constitución. Se coincide, por supuesto, en la defensa que hace el Dr. Ferreres Comella, pues de «nada serviría que una ley fundamental fuera suprema, si fácilmente y siguiendo el procedimiento común establecido para la alteración de una ley secundaria, pudiera modificarse».[8]

Sin embargo, es necesario hacer tres importantes precisiones: la primera, que implícitamente el estudio del jurista español versó en un difuso análisis de derecho constitucional comparado examinando diferentes Constituciones europeas incluida la estadounidense; la segunda, la defensa de la rigidez constitucional que realiza es en términos muy generales; y tercera, que no advirtió que la rigidez constitucional podría escindirse en dos partes: una rigidez constitucional formal y una rigidez constitucional material.

Este último punto es el aspecto toral donde no se realizó análisis ni estudio por no tomar en cuenta a la Constitución Política de los Estados Unidos Mexicanos. Es decir, un brillante jurista

8 Burgoa Orihuela, Ignacio. *Derecho Constitucional Mexicano*. Ciudad de México: Porrúa, 1973. pág. 365.

pasó por alto escudriñar en el trabajo literario a la Constitución mexicana; la primera con sentido social del mundo; la norma que sirvió de modelo para que el Constituyente de Weimar produjera su norma suprema.

El constitucionalismo mexicano de 1917 a 1994 exhibe un fenómeno político interesante —por llamarlo de alguna forma—, pues presenta una particularidad consistente en que existía formalmente una rigidez constitucional por cuanto al procedimiento de reformabilidad previsto en el artículo 135 de la ley fundamental mexicana, pero, materialmente, sostengo que no existía, y hoy en día [noviembre de 2022 (ni en abril de 2025)] no existe esa rigidez constitucional en su vertiente material.

Esta premisa deriva de que los congresos locales, específicamente ellos como parte del Poder Reformador de la Constitución, son casi siempre una mera extensión del partido político gobernante u oficialista, lo cual provoca que el someter una reforma constitucional a su deliberación sea simplemente un asunto de mero trámite, no de un verdadero ejercicio deliberativo democrático de los representantes de una entidad federativa. ¿Cuántas veces los congresos locales han rechazado una reforma constitucional? El debate más parlamentario y deliberativo, con cargas argumentativas de mayor peso, se ve en el Congreso de la Unión, pero pocas veces en las legislaturas locales.

Una pregunta que supongo habría intrigado y despertado el interés del Maestro Ferreres es: ¿por qué la Constitución mexicana en su artículo 135 exige para su reforma el voto de las dos terceras partes de los individuos presentes del Congreso General mientras que para los mismos efectos basta que la mitad más uno de los congresos locales esté de acuerdo? Y ahora pregunto yo: ¿No dotaría de una mayor legitimación y densidad política darle el mismo tratamiento numeral o porcentual exigido al Congreso de la Unión que a los congresos estatales? Es decir, que para una reforma constitucional también se necesitasen las dos terceras partes de las treinta y dos legislaturas locales.

Este es el punto de inflexión y de una leve falta de visión analítica lo que provoca que el trabajo que fue analizado y se critica en el presente ensayo esté incompleto, aun así su obra es brillante no se escatima de ninguna forma en ello, pero en el constitucionalismo cuando se trata del aspecto comparativo es una regla analizar con detenimiento no solo la *grundnorm* que dio origen a la Constitución mexicana que fue la primera del mundo con un sentido social, sino también estudiar los procesos y el tiempo que tomó para que aquellas normas constitucionales en un principio programáticas y orgánicas cuya efectividad de cumplimiento era nulo o poco, y que a partir de la década de los noventas en adelante se les ha dotado de un mayor contenido haciéndolas realmente justiciables por los jueces constitucionales que tienen como tarea principal garantizar la norma suprema.

En la teoría de la Constitución mucho se habla —y es que así debe serlo— de la Declaración de Independencia de los EE. UU., de la Declaración de los Derechos del Hombre y del Ciudadano en Francia, y del emblemático caso Marbury versus Madison e incluso del contenido de la Constitución de Weimar, pero pocas veces se analiza con detenimiento los aportes sustanciales de la Constitución mexicana de 1917, y todo el proceso político que derivó desde su promulgación hasta la reforma al poder judicial que originó la novena época en el semanario judicial de la federación.

Este punto es la piedra angular, puesto que durante la mayor parte del siglo XX los mandatos constitucionales eran llanamente declaratorias retóricas cuya efectivización y cumplimiento no correspondían al tribunal constitucional, sino al titular del ejecutivo federal en turno que no solamente ostentaba la representación del Estado y era jefe de gobierno, sino que en términos materiales se percibía a sí mismo como la personificación encarnada de la *grundnorm*, volviendo a la Constitución una especie de testamento cuya albacea era el Presidente en turno y que de él dependía si los mandatos constitucionales se cumplían o no.

III. Conclusiones

Indudablemente la defensa de la rigidez constitucional que hace Víctor Ferreres Comella debe ser un estandarte y un punto de partida para las y los abogados constitucionalistas, sobre todo en aquellos países [como México] donde casi por tradición existen tensiones políticas muy marcadas e intromisiones indebidas entre los órganos del Estado a las competencias y facultades que les otorga la Constitución, pues cuando esto sucede —y sucede muy a menudo— se transgrede la división de poderes, aunque esto sea posteriormente enmendado por la justicia constitucional, no deja de preocupar que la real y la efectiva separación de poderes sea sustituida por una simulación elucubrada.[9]

El ensayo del profesor Comella se quedó un tanto corto de visión en cuanto a un estudio que, a mi juicio, debió realizar sobre la que se considera la primera Constitución social del mundo, y que le habría dotado de una perspectiva muy diferente sobre la cláusula de rigidez constitucional. Para el año 2000 —fecha en que Ferreres Comella publicó la obra que ahora se ensaya críticamente—, la Constitución de México había sido reformada 411 veces,[10] y para el año 2022 las reformas constitucionales ya rebasan las 750 [para el 1 de abril de 2025, las reformas a la ley fundamental son de 845], lo que desde cualquier perspectiva ya sea flexible o estricta, es insoslayable la conclusión irrefutable de

9 Esta concepción de «simulación de una real y efectiva separación de poderes» es un concepto construido a partir de la lectura y estudio que hice del resumen ejecutivo elaborado por la Comisión Interamericana de Derechos Humanos que lleva por título «Nicaragua: Concentración del Poder y debilitamiento del Estado de Derecho», aprobado por la CIDH el 25 de octubre de 2021, y publicado ese mismo año.

10 Giles Navarro, César Alejandro. *Las reformas a la Constitución Política de los Estados Unidos Mexicanos*. 33, Ciudad de México: Instituto Belisario Domínguez. Senado de la República, 2018.

que la naturaleza de la rigidez constitucional se ha ido borrando y difuminándose.

Gustavo Zagrebelsky tiene razón cuando dice que «Una constitución que sobrevive con incesantes modificaciones se degrada al nivel de una ley ordinaria y la materia constitucional se confunde con la lucha política cotidiana».[11] Creo que 845 modificaciones a la Constitución de México logran posicionar a esta norma fundamental en el supuesto que establece Zagrebelsky con esa lapidaria pero certera afirmación.

Hay ocasiones en que la propia ley fundacional es acosada por sus órganos derivados para someterla a sus voluntades políticas lo que es en el fondo despropósitos que buscan implementar peligrosas irreversibilidades orgánicas o el menoscabo de normas sustantivas, la defensa de la rigidez constitucional ya no puede ceñirse meramente a un aspecto de procedimiento de reforma o de cláusulas de intangibilidad implícitas o explícitas, sino que debe ir y mirar más allá adecuándose a la realidad, y dotarle a los tribunales constitucionales de una participación en las reformas constitucionales que, al menos en México, hoy constitucionalmente no tienen.

La Constitución, como un instrumento vivo, desde luego debe adecuarse a las distintas realidades, eso no se discute, pero hay que aceptar que la propia norma suprema debe tener un mecanismo de autodefensa y la capacidad de adquirir cierta petrificación cuando así lo requiera, es decir, que el legislador ordinario e incluso el Poder Reformador queden impedidos de alterar ciertos aspectos en extremo sustantivos de la propia Constitución, y —en mi opinión— no existe otro órgano del Estado mejor equipado que el tribunal constitucional para asegurar tan importante labor.

---

11 Zagrebelsky, Gustavo. Jueces Constitucionales. [coord.] Miguel Carbonell. *Neoconstitucionalismo*. Ciudad de México: Centro de Estudios Jurídicos Carbonell, A. C., 2017, pág. 114.

Una interesante propuesta como un primer acercamiento o las primeras bases para el establecimiento de una rigidez constitucional material estriba en saber si después de haberse cumplido el procedimiento de reforma constitucional [es decir, la rigidez constitucional en su vertiente formal], la reforma por sí misma es constitucional.

A este respecto, se resalta con muchísimo interés la intervención del Señor Ministro Juan Luis González Alcántara Carranca, quien en la sesión del Tribunal en Pleno del día 25 de octubre del 2021, donde se analizaron las acciones de inconstitucionalidad 130/2019 y su acumulada 136/2019, el Señor Ministro sostuvo: «...No comparto la afirmación relacionada con que las reformas constitucionales no pueden ser materia de control a través de una acción de inconstitucionalidad...».[12]

A tantos años del magnífico y brillante ensayo del maestro Ferreres Comella, la rigidez constitucional ya no es una cuestión de mero procedimiento, sino que debe comportar un aspecto material. Y para ello, hoy más que nunca, en un contexto en el que algunos gobiernos del mundo —especialmente en los países latinoamericanos— parecieran tratar de desvanecer el contenido sustancial de las Constituciones, luego entonces se reputa necesario e indispensable replantearnos lo que debe significar la rigidez constitucional. Para tal efecto, la labor de los tribunales constitucionales juega un papel fundamental y de la mayor trascendencia.

Para afrontar los nuevos retos presentes y futuros, en una auténtica defensa de la rigidez constitucional, solamente el tribunal constitucional estaría habilitado para garantizar tal rigidez. Pero, para ello —y elevar un poco más la exigencia—, sería loable,

12 Suprema Corte de Justicia de la Nación. https://www.scjn.gob.mx/. [En línea] 25 de Octubre de 2021. https://www.sitios.scjn.gob.mx/video/?q=video/2588.

Para mayor referencia y exactitud, la intervención del Señor Ministro González Alcántara Carrancá a la que se alude se realizó en la sesión del Pleno de la Suprema Corte de Justicia de la Nación a las 12:18:24, tiempo hora de la Ciudad de México, y en el minuto 17:18 de la transmisión de la sesión.

prima facie, sugerir que explícitamente la constitución involucre a los tribunales constitucionales, dándoles una actuación en la procedencia o improcedencia de una reforma constitucional como un requisito más para su reformabilidad. Pues ¿quién más, si no ellos, como los intérpretes últimos de la ley fundamental de cualquier Estado que se diga, en verdad, un Estado constitucional democrático social de derecho, tendrían —como tienen hoy— la última palabra?

IV. Fuentes de consulta y referencias

1. Burgoa Orihuela, Ignacio. *Derecho Constitucional Mexicano.* Ciudad de México: Porrúa, 1973.
2. Ferreres Comella, Víctor. Una Defensa de la Rigídez Constitucional. [comp.] Miguel Carbonell. *Teoría Constitucional y Derechos Fundamentales.* Ciudad de México: Comisión Nacional de Derechos Humanos, 2002.
3. Giles Navarro, César Alejandro. *Las reformas a la Constitución Política de los Estados Unidos Mexicanos.* 33, Ciudad de México: Instituto Belisario Domínguez. Senado de la República, 2018.
4. Zagrebelsky, Gustavo. Jueces Constitucionales. [coord.] Miguel Carbonell. *Neoconstitucionalismo.* Ciudad de México: Centro de Estudios Jurídicos Carbonell, A. C., 2017.
5. Comisión Interamericana de Derechos Humanos. *Nicaragua: Concentración del poder y debilitamiento del Estado de Derecho.* Organización de los Estados Americanos. Washington, D.C.: Comisión Interamericana de Derechos Humanos, 2021. Resumen Ejecutivo.
6. Suprema Corte de Justicia de la Nación. https://www.scjn.gob.mx/.[En línea] 25 de Octubre de 2021. https://www.sitios.scjn.gob.mx/video/?q=video/2588.

Ensayo crítico al concepto de Derechos Humanos, de Francisco J. Laporta

A mis padres por apoyarme siempre. ***Mamá,*** *gracias por tus palabras de aliento;* ***papá,*** *gracias por creer en mí.*

Sumario

I. Introducción

En el año 1987, el catedrático Francisco Javier Laporta San Miguel nos ofrece un trabajo por demás interesante sobre el concepto de los derechos humanos. El autor, a través de su escrito, nos da una aproximación a lo que, bajo su consideración, son los derechos humanos, tomando como punto de partida una metodología analítica comparativa de tres vertientes, a saber: (i) iusnaturalismo, (ii) derechos innatos —una visión kantiana— y (iii) iuspositivismo.

Además de estatuir las concepciones sobre la significación de los derechos humanos desde las tres formas de visualización antes citadas, Laporta también nos ilustra sobre la universalidad y la inalienabilidad como estamentos compositivos de los derechos humanos, lo cual resulta enriquecedor dentro de la heterocomposición de su aporte doctrinal.

Ahora bien, como metodología para la elaboración del presente ensayo crítico, resulta necesario establecer que los modelos de análisis en que se basará este trabajo tendrán tres ejes de estudio: por un lado, una breve referencia al historicismo jurídico como un trío de aspectos que más adelante se tratarán; en segundo término, la elección del modelo comparativo igualitario de los derechos humanos; y, por último, las teorías en las que se analizan los derechos humanos.

Por otra parte, resulta indispensable subrayar que el presente ensayo no puede ser abordado desde una técnica de estudio de los derechos humanos como se conciben en México, puesto que la doctrina jurídica a nivel mundial y las líneas jurisprudenciales de tribunales constitucionales distinguen atinadamente entre derechos humanos y derechos fundamentales —conceptos que en México son iguales cuando no deberían serlo—. Por esta razón, y considerando que la exposición del jurista Francisco Laporta está trazada bajo una perspectiva de constitucionalismo español, el ensayo que se ofrece debe comportar características genéricas y símiles al texto del autor, para construir una crítica objetiva y razonable, pero sobre todo respetuosa.

II. Crítica al concepto de Derechos Humanos, de Francisco J. Laporta

II.1. Historicismo jurídico

Primeramente, advierto que el análisis formulado por el catedrático Francisco Laporta pasa por alto la acción realizada por Ciro «El Grande» después de conquistar Babilonia en el año 539 A. C.;[13] un suceso que no pocos juristas catalogan como uno de los antecedentes de los derechos humanos y su primigenia materialización.

Desde mi muy particular punto de vista, cualquier tipo de trabajo cuyo esfuerzo sea dar cuenta del contenido de los derechos humanos, aunque no sea desde una vertiente histórica, tiene la obligación de citar —cuando menos de manera somera— este importante evento, tanto por el gesto del vencedor hacia los vencidos como por la época en que se desarrolló este singular hecho. Inadvertir este acontecimiento comporta una falta de rigor investigativo o enunciativo de ilustración como antecedente, máxime que el propio autor nos remite de manera explicativa a épocas del Medievo en las que ciertas figuras del derecho romano cobraron auge y una recomposición en su entendimiento.

En un segundo nivel de análisis, es criticable que, en su trabajo, el autor no dé ningún tipo de citación o referencia a una norma que hoy en día tiene una gran relevancia, pero que, para el tiempo en que se escribió el texto que ahora se critica, ya era

13 pressnet. YouTube. [En línea] https://www.youtube.com/watch?v=PPeRECua5CQ&list=PLLiarsLyvnDedCQViZF-8-mmLPWmlp0nE.

conocida —aunque desvalorizada, por desgracia—. No se puede hablar de historicismo jurídico relativo a derechos humanos si no se les dedican algunos párrafos a los efectos de la Declaración de los Derechos de la Mujer y la Ciudadana,[14] y a su *telos.*

Aquí, nuevamente, me parece que el autor pierde una valiosa oportunidad de dotar de contenido histórico a su texto. Podrán decir —y quizá con un leve dejo de razón— que, por los tiempos en que Laporta escribió su concepto de derechos humanos, no se hablaba de una perspectiva de género como hoy en día se habla, pero lo cierto es que la propia obra de Olympe de Gouges ya había visibilizado la desigualdad entre hombre y mujer, buscando equilibrio a través de su Declaración.

De 1987, año en que se publicó la obra que ahora se ensaya críticamente, a 1791, en que se dio a conocer la *Declaración de los Derechos de la Mujer y de la Ciudadana,* habían transcurrido 196 años, tiempo suficiente para que los juristas de aquel entonces y los de hoy vislumbraran el contenido normativo de la obra de Gouges, para darle el mismo valor que a la Declaración francesa de 1789 en la citación de los estudios jurídicos, políticos y filosóficos.

En la tercera vertiente, también dentro de este breve crisol de historicismo jurídico, se dejan de lado los terribles actos perpetrados por la Alemania nazi en contra de judíos, personas con discapacidad, homosexuales y personas con piel de color oscura, entre otros, durante la Segunda Guerra Mundial. En efecto, considero que reflexionar sobre esta parte de la historia humana pudo haberle dado a Laporta un tipo de breviario en forma de marco conceptual o ejemplificativo, ya que, de forma simple pero con una enorme fuerza ilustrativa, los derechos humanos son todo aquello que los nazis rechazaban y que lograron socavar

14 Obra de Olympe de Gouges, publicada en 1791 como contraposición a la Declaración de los Derechos del Hombre y del Ciudadano de 1789.

al punto de que millones de vidas fueron cegadas, destruyendo por completo la dignidad humana de las personas.

Estos tres aspectos son, me parece, cuestiones no cubiertas en el texto que se estudió. Y si damos cuenta no solo de los elementos fácticos y los resultados en cada caso en particular, encontramos aspectos jurídico-formales tanto en el Cilindro de Ciro, como en la *Declaración de los Derechos de la Mujer y la Ciudadana*, como en la Constitución de Weimar y su abrogación material por medio de las Leyes de Núremberg, así como en la *Declaración Universal de los Derechos Humanos.*

Respetuosamente, estos tres hechos, en lo individual o en su conjunto —como quiera vérsele—, tienen mayor potencia que una enunciación conceptual de Kant.

II.2. Modelo igualitario que conceptualiza los Derechos Humanos

Ríos de tinta y montañas de páginas se han empleado para explicar o intentar explicar la articulación de los derechos humanos en torno a las teorías que buscan darle un contenido a su naturaleza, siempre desde la visión de las teorías liberales tanto por lo que hace a los acontecimientos de 1776 como de 1789, pero pocas veces el concepto de derechos humanos es analizado o construido a partir de la premisa de un modelo igualitario en vez del clásico y tradicional liberal.

De ninguna manera se le denosta o resta importancia a la doctrina explicativa liberal de los derechos humanos, simplemente tengo la convicción de que la visión se ha centrado demasiado en ese método de análisis, cuando me parece que el modelo igualitario tiene importantes cosas que decir al respecto, pues partiendo de una premisa de igualdad en un sentido formal y material, los derechos humanos ya no se ven como normas morales que estatuyen libertades y prerrogativas oponibles e indisponibles al Estado, sino que el modelo igualitario incrusta un elemento axiológico que les dota de mayor vigor como lo es la dignidad humana de la cual emanan todos los demás derechos.

Si para Luis Prieto Sanchís «los axiomas son los postulados básicos [derechos humanos] dentro de un sistema normativo y los teoremas son las normas que dependen jerárquicamente de los axiomas»,[15] podría ser plausible que el modelo igualitario aproxime una nueva concepción de la dignidad humana como fuente primordial de los demás derechos humanos, convirtiendo así a la dignidad humana en el axioma supremo.

Por eso considero que el enfoque liberal que da el autor se encuentra agotado aunque no por ello debe restársele importancia, más bien me parece que la conceptualización de los derechos humanos puede amalgamarse a la luz de ambas concepciones agregando el aspecto o cualidad de dignidad como la fuente de todos los derechos humanos.[16]

II.3. Teorías que analizan los Derechos Humanos

Ya desde un primer momento en su obra, el autor nos da su concepto de derechos humanos. A mi parecer, el concepto dado por Francisco Laporta tiene una serie de limitaciones por el nivel de abstracción que maneja, en donde el lenguaje no confluye de manera armónica como expresión lingüística. Además del concepto, hace referencia a sucesos históricos —pasando por alto los que ya mencioné y que creo son de enorme trascendencia— y agrega elementos compositivos de los derechos humanos vistos como principios rectores, específicamente la universalidad y la inalienabilidad. Estos dos aspectos, en verdad, son enriquecedores por el contenido semántico que el jurista nos da.

---

15 *Cfr.* Salinas Garza, Juan Ángel. *Introducción al Estudio del Derecho.* Ciudad de México: Tirant lo Blanch, 2021. págs. 151-152.

16 Véase, por ejemplo, la jurisprudencia 1a./J. 37/2016 (10a.), de rubro *Dignidad humana. Constituye una norma jurídica que consagra un derecho fundamental a favor de las personas y no una simple declaración ética*, con registro digital 2012363.

Sin embargo, considero innecesaria la clasificación conceptual que nos otorga en aras de dotar de una mayor carga argumentativa a su conceptualización, que es netamente iuspositivista.

Basta con hacer un contraste de mediana intensidad entre el título y el contenido del texto para que surja la duda de si el trabajo trata sobre el concepto de derechos humanos del autor, la historia de los derechos humanos, la clasificación de teorías que se encargan de darles una explicación o los principios que enmarcan los derechos humanos.

Con relación a la conclusión que formula Laporta en el sentido de que los derechos humanos no pueden visualizarse desde el iusnaturalismo, desde luego cada quien tiene la posibilidad de comulgar con la escuela de pensamiento más acorde a sus convicciones, pero pienso que el autor se equivoca al considerar que los derechos humanos no pueden analizarse desde una perspectiva iusnaturalista, tampoco se debe hacer exclusivamente desde el iuspositivismo o el realismo jurídico.[17]

Los derechos humanos, como prerrogativas inherentes al ser humano, están en constante evolución y ni siquiera tienen una fuente de creación normativa, ya sea nacional o internacional, pues esto supondría concederle al ser humano la capacidad de creación de los derechos humanos, lo cual, a mi juicio, es incorrecto. Los derechos humanos y su fuente normativa no son de creación, sino de reconocimiento, que puede darse cuando se constitucionalizan, se integran en tratados internacionales o se les da forma y contenido en las sentencias de los tribunales constitucionales.

Así, conforme la sociedad avanza, la sociología jurídica y la filosofía del derecho evolucionan y comienzan a dar cuenta de

17 Esta corriente de pensamiento filosófico del derecho y con la que parcialmente estoy de acuerdo establece que los jueces por medio de sentencias pueden crear derechos humanos, esta última concepción es la que no comparto; pues para mí, el juez no crea derechos humanos, sino que simplemente están implícitos en normas de orden superior o son descubiertos y cuando se estructuran en una sentencia pueden incorporarse al sistema jurídico como un precedente, una jurisprudencia e incluso una tesis aislada.

que nuevos tipos de derechos humanos van apareciendo: primero con leves matices y luego con una fuerza que va expandiéndose y permeando la vida de las personas sin que estas, a veces, lo adviertan, para ulteriormente integrarse al sistema jurídico cuando se positivizan.

III. Conclusiones

Con toda seguridad, la obra del jurista Francisco Javier Laporta San Miguel abrevó en los conocimientos de los y las abogadas que comenzaban en los estudios sobre los derechos humanos, tanto en España como en el derecho comparado a nivel mundial. No obstante, sin demeritar su obra y las aportaciones que seguramente tuvo y tiene al día de hoy, aprecio que el concepto de derechos humanos está ya superado por nuevas conceptualizaciones y maneras de pensar y entender los derechos humanos.

Para el tiempo en que su obra fue publicada [1987], probablemente haya sido un *boom* que vino a dotar de contenido a las corrientes doctrinales; no dudo que así haya sido, pero creo que obviar ciertos hechos y normas históricas mermó en gran manera la riqueza textual del trabajo que nos ofreció.

En la actualidad, no pueden estar más equivocados quienes creen que ya se ha dicho todo lo que se tenía que decir sobre el concepto de derechos humanos y que sus definiciones se han petrificado en el tiempo para ser inalterables, pues olvidan que los derechos humanos, como el derecho mismo, están en constante cambio y evolución —la historia da cuenta de ello—.

Conceptualizar los derechos humanos no es tarea sencilla; requieren de una técnica de expresión lingüística que permita darles una significación tan fuerte y clara que no dé lugar a ininteligibilidades, vaguedades o ambigüedades, sino que, por el contrario, el concepto de los derechos humanos —por la importancia que tienen— deberá posicionarse cada vez más en un sitial taxativo lo suficientemente comprensible para ser entendido por cualquier persona y no exclusivamente por quienes nos dedicamos a la profesión del derecho.

Erra quien cree que el entendimiento de las normas nos pertenece a los estudiosos del derecho; por el contrario, los y las juristas debemos ser como Prometeo y llevar el fuego del conocimiento al mayor número de personas, para que conozcan sus derechos y los puedan hacer valer y efectivizar ante el Estado, e incluso frente a particulares.

Por último, hago alusión a las ideas de grandes juristas cuyo pensamiento recojo y hago mío para dotar de mayor peso a los argumentos y razones que he dado para la elaboración de este ensayo crítico y capitular el mismo:

> ... ante el enfrentamiento de las ideologías, donde no es posible ninguna tergiversación, soy iusnaturalista; con respecto al método soy, con igual convicción positivista; en lo que refiere, finalmente a la teoría del derecho, no soy ni lo uno ni lo otro.[18]
>
> En suma, los Derechos Humanos no son patrimonio de una determinada corriente filosófica, sino el resultado de un proceso de evolución de la conciencia de la humanidad en la búsqueda de una ética universal.[19]

---

18 Bobbio, Norberto. *Iusnaturalismo y positivismo jurídico*. s. l.: Trotta, 2015. pág. 137.

19 Morales Vega, Luisa Gabriela y Campos Serrano, Carolina. *Derechos Humanos y la Intepretación de la Corte en México*. Ciudad de México: Thomson Reuters, 2018. pág. 63.

IV. Fuentes de consulta y referencias

1. Bobbio, Norberto. *Iusnaturalismo y positivismo jurídico.* España: Trotta, 2015.
2. Morales Vega, Luisa Gabriela y Campos Serrano, Carolina. *Derechos Humanos y la Intepretación de la Corte en México.* Ciudad de México: Thomson Reuters, 2018.
3. Salinas Garza, Juan Ángel. *Introducción al Estudio del Derecho*. Ciudad de México: Tirant lo Blanch, 2021.
4. Pressnet. YouTube. [En línea] https://www.youtube.com/watch?v=PPeRECua5CQ&list=PLLiarsLyvnDedCQViZF-8-mmLPWmlp0nE
5. Tesis jurisprudencial 1a./J. 37/2016 (10a.). Fuente: Gaceta del Semanario Judicial de la Federación. Libro 33, Agosto de 2016, Tomo II, página 633.

Ensayo crítico sobre el papel de la CIDH en la garantía y protección de los derechos en el ámbito nacional

A mis hermanos ***Aldo*** *y* ***Aldair****. Gracias por su apoyo y comprensión en el tiempo que estudié la maestría.*

Sumario

Tabla de abreviaturas

CADH	Convención Americana sobre Derechos Humanos.
CIDH	Comisión Interamericana de Derechos Humanos.
CNDH	Comisión Nacional de los Derechos Humanos.
Corte IDH	Corte Interamericana de Derechos Humanos.
CPEUM	Constitución Política de los Estados Unidos Mexicanos.
México	Estados Unidos Mexicanos.
OEA	Organización de Estados Americanos.
SCJN	Suprema Corte de Justicia de la Nación.
SIDH	Sistema Interamericano de Derechos Humanos.
TEDH	Tribunal Europeo de Derechos Humanos.

I. Introducción

La CIDH se integra por siete personas elegidas por la Asamblea General de la OEA a propuesta de los Estados parte; deben ser nacionales de cualquier Estado miembro de la Organización, con alta autoridad moral y reconocido conocimiento en materia de derechos humanos.[20]

La CIDH fue establecida en 1959 por la V reunión extraordinaria de consulta de ministros de relaciones exteriores,[21] iniciando sus trabajos básicamente con la promoción de derechos humanos en el continente, para posteriormente erigirse como uno de los órganos más importantes del SIDH.[22]

El *telos* de la CIDH es garantizar y proteger los derechos humanos reconocidos en la Convención Americana sobre Derechos Humanos; La Declaración Americana de Derechos y Deberes del Hombre;[23] y demás instrumentos regionales internacionales que conforman el *corpus iuris* interamericano.

Por lo anterior, se puede decir que la CIDH tiene una naturaleza orgánica de características administrativas, un tanto símiles a la CNDH en México.

Entrando en materia, el presente ensayo crítico explorará el papel de la CIDH por lo que respecta a la garantía y protección de los derechos en México, para lo cual, como premisa

---

20 Estatuto de la CIDH, artículos 2 y 3.

21 Resolución VII de la Quinta Reunión Extraordinaria de ministros de Relaciones Exteriores, realizada en Santiago de Chile en 1959.

22 Este carácter se adoptó en la Tercera Conferencia Extraordinaria; llevada a cabo en Buenos Aires en 1967, donde se modificó substancialmente la Carta de la Organización de los Estados Americanos.

23 Estatuto de la CIDH, artículo 1, numeral 2 a y 2 b.

metodológica, se ha elegido analizar esta labor desde una perspectiva formal y material.

Bajo este prisma analítico, el elemento formal nos ofrecerá una visión doctrinal, fáctica y diagnóstica del cumplimiento del Estado mexicano a sus compromisos internacionales con relación a las tareas que realiza la CIDH sobre la protección y garantía de los derechos. Por otra parte, el elemento material versará sobre una concepción jurídicamente racional respecto al alcance y los efectos de los informes y recomendaciones de la CIDH a México, esto con el objetivo de verificar si tales medidas, en sus dos dimensiones [política y cuasijurisdiccional], resultan idóneas y eficaces para garantizar y proteger los derechos convencionales de las personas en nuestro país.

II. Ensayo crítico sobre el papel de la CIDH en la garantía y protección de los derechos en el ámbito nacional

II.1. El elemento formal en la protección y garantía de los derechos por parte de la CIDH en México

En este primer aspecto de estudio, se debe tomar en cuenta los instrumentos legales y resolutivos con los que cuenta la CIDH para hacer efectiva la garantía y protección de los derechos en México. De manera enunciativa, son cinco los mecanismos que permiten a la CIDH cumplir con esta tarea: (i) La emisión de medidas cautelares, (ii) El informe sobre la situación que guardan los derechos de las personas específicamente de un país, (iii) Un informe especial sobre un hecho en específico, (iv) Un informe temático por país dentro del informe anual que rinde la Comisión, y (v) La solución amistosa entre las personas y los Estados.

Por cuestión de método, se analizará de manera periférica y somera los siguientes tres documentos que sirven de base para el estudio de esta primera parte del ensayo:

1. La situación de los derechos humanos en México, aprobado por la CIDH el 31 de diciembre de 2015, el cual en sus 242 páginas contiene una radiografía minuciosa y precisa sobre los derechos más vulnerados en el país; sus causas y grupo de personas en situación de mayor riesgo. En el capítulo séptimo [último del informe] se establecen

las conclusiones y recomendaciones, dentro de las cuales existe una en particular que insta al Estado mexicano a «desarrollar un plan concreto para el retiro gradual de las Fuerzas Armadas de tareas de seguridad pública y para la recuperación de estas por parte de las policías».[24]

2. El informe del Mecanismo Especial de Seguimiento al Asunto Ayotzinapa (MESA), Avances y Seguimiento del Cumplimiento a la Medida Cautelar MC/409/14, de 121 páginas, aprobado por la CIDH el 8 de noviembre de 2022, medularmente señala que bajo la nueva titularidad del poder ejecutivo federal en México, se han logrado ciertos avances y disposición en el más alto nivel de la cadena de mando civil y militar para el esclarecimiento de los hechos y fincar responsabilidades en la desaparición de 43 normalistas. Sin embargo, el informe no pasa por alto la existencia de resistencias en la entrega de información ya sea porque esta es tardía, incompleta o definitivamente denegada.

   Aun así, el Estado mexicano a través de las autoridades competentes logró obtener algunas órdenes de aprehensión contra militares y autoridades civiles, procesos que se encuentran *sub iudice.* En este informe, dadas las características de los acontecimientos, «es importante resaltar los resultados de las visitas *in loco*, las cuales tampoco deben ser vistas como una etapa procesal ineludible»,[25] puesto que «la Corte Interamericana ha concluido que las investigaciones *in loco*, como instrumento de comprobación de los hechos, están sujetas a la apreciación discrecional de la CIDH».[26]

---

24 Comisión Interamericana de Derechos Humanos. *Situación de derechos humanos en México*. 2015. pág. 233.

25 *Cfr.* García Chavarría, Ana Belem. *Los Procedimientos ante la Comisión Interamericana de Derechos Humanos. México*: Comisión Nacional de los Derechos Humanos, 2015. pág. 57.

26 *Ídem.*

3. El informe anual de la CIDH para el año 2021 en su capítulo V informe de país o temático, trata específicamente sobre el sexto informe de seguimiento de recomendaciones formuladas por la CIDH en el informe sobre situación de derechos humanos en México.[27] Este conjunto de glosas estatuye puntualmente un seguimiento pormenorizado a las recomendaciones dadas por la CIDH desde el año 2015 en su informe específico.

   Al respecto, cabe mencionar que dicho informe, *prima facie*, reviste tres cuestiones fundamentales: a) Avances en la voluntad de cumplimiento del Estado mexicano a sus obligaciones[28] —que por desgracia son las menos—, b) La persistencia de desafíos no atendidos que impiden dar cumplimentación a las recomendaciones,[29] y c) Omisiones totales que derivan en el incumplimiento a las recomendaciones dadas.[30]

De esta manera, metodizando la técnica de la apariencia del buen derecho en una versión apreciativa de aplicabilidad a los informes y recomendaciones de la CIDH y el impacto que estos documentos ha tenido en la vida pública del país, se logra estimar que desde una perspectiva formal, la CIDH realiza eficientemente las funciones encomendadas por la CADH para garantizar y proteger los derechos humanos[31] en México.

Esto es así, si consideramos el objetivo a alcanzar con la publicación de informes, visitas *in loco* y recomendaciones, pues «estas actividades de la Comisión pueden llegar a tener un efecto preventivo y correctivo inmediato, ayudando así en la resolución

27 Comisión Interamericana de Derechos Humanos. *Informe Anual*. 2021. págs. 1076-1177.

28 *V.gr.* párr. 21 y 22, *o. p.* Informe Anual 2021, CIDH.

29 *V.gr.* párr. 58 y 101, *ídem*.

30 V.gr. el uso obligatorio de cámaras durante interrogatorios y patrullas (párr. 108 y 109 del Informe Anual), y el establecimiento de un plan coherente de cooperación entre autoridades de procuración de justicia a nivel federal y estatal para la investigación de violaciones graves a los derechos humanos (párr. 137 del Informe Anual).

31 Artículo 41, de la CADH.

de conflictos y violaciones a los derechos humanos, favoreciendo el diálogo y una pronta solución para las víctimas».[32]

Así, el aspecto formal del presente ensayo ayuda a entender que la CIDH, a través de sus informes y recomendaciones, así como del seguimiento de estas, cumple con el mandato de funcionabilidad emanado desde la CADH. Aunque cabe decir que, en términos generales, es poco el análisis jurídico y académico que se le da a los informes y recomendaciones de la CIDH, lo cual me parece muy inadecuado, pues impide conocer y entender plenamente el peso y las dimensiones de las funciones de este importante órgano del SIDH.

II.2. El elemento material en la protección y garantía de los derechos por parte de la CIDH en México

Como punto de partida, es conveniente hacer énfasis en que actualmente la CIDH se conforma de siete personas comisionadas y dos personas relatoras especiales; quienes tienen a su cargo trece relatorías para un total de treinta y cinco Estados parte de la OEA y de la CADH.[33] Estos datos permiten dimensionar, *prima facie*, que en un continente donde existen pocos avances, muchos desafíos y severos retrocesos en materia de respeto, protección y garantía de los derechos humanos; siendo la democracia un elemento constantemente amenazado y en algunas latitudes de la región anulada, existe una gran carga de trabajo para las y los comisionados de la CIDH.

Ahora bien, la pregunta que debemos realizarnos y responder es: ¿desde una perspectiva material la CIDH protege y garantiza los derechos en México? La respuesta es que no, y no es por

32 Pelayo Moller, Carlos María. *Introducción al Sistema Interamericano de Derechos Humanos*. México: Comisión Nacional de los Derechos Humanos, 2011. pág. 44.

33 La distribución de las relatorías se puede observarse en la siguiente liga: https://www.oas.org/es/CIDH/jsForm/?File=/es/cidh/mandato/composicion.asp#2

falta de interés por parte de la CIDH o porque existan omisiones en su actuar, sino que los dos principales órganos [CIDH y Corte IDH] del SIDH carecen de herramientas de carácter coercitivo[34] que les permitan lograr la protección y garantía de los derechos humanos en el país.

Los informes y recomendaciones únicamente tienen un efecto de presión y persuasión hacia los Estados que son observados por la comunidad internacional de la región y del mundo. Aun cuando los instrumentos normativos regionales son vinculantes para el Estado mexicano, la OEA y sus órganos esperan que México dé cumplimiento a las recomendaciones en atención a los principios de derecho internacional *pacta sunt servanda et bona fide*. Sin embargo, esto no sucede en la realidad y si sucede es de manera difusa o incompleta por parte del Estado mexicano y los órganos que lo componen.

Del análisis y estudio a las recomendaciones de la CIDH a México, hay una en especial que refiere a la necesidad de disminuir la presencia militar en tareas de seguridad pública, pues el informe sobre la situación de los derechos en México [del año 2015] señala puntualmente que, desde 2006, las fuerzas armadas cometieron muy graves violaciones a derechos humanos.

En el último informe anual, correspondiente al año 2021, la CIDH deja patente que, lejos de disminuir, la presencia de efectivos militares en tareas de seguridad pública ha aumentado e intensificado, asignándose al personal castrense tareas y actividades que van más allá de las encomiendas en seguridad pública que originalmente se le atribuyeron. Esto, invariablemente, podría llevar a más casos de violaciones a derechos y delitos de lesa humanidad, como torturas, desapariciones forzadas o

34 Situación opuesta en el TEDH; quien en fecha 8 de diciembre del 2022 condenó a Francia al pago de una multa por no brindar alojamiento a solicitantes de asilo. https://www.trt.net.tr/espanol/vida-y-salud/2022/12/09/tribunal-europeo-de-derechos-humanos-multa-a-francia-que-no-brinda-asilo-a-los-solicitantes-1917044

ejecuciones extrajudiciales, así como a un retroceso en materia de transparencia y rendición de cuentas.

Para comprobar cómo, a pesar de los esfuerzos de la CIDH, este órgano poco puede hacer en la efectiva protección y garantía de los derechos en México, basta observar que el Estado mexicano, por momentos, pareciera desdeñar las recomendaciones e informes de la CIDH, e incluso desacatar las sentencias de la Corte IDH. En específico, el *Informe sobre la situación de los derechos humanos en México* [año 2015] y la sentencia del *Caso Alvarado Espinoza y otros vs. México* [sentencia del 28 de noviembre de 2018].

Al respecto, la contumacia y el desdén de los poderes públicos mexicanos pueden analizarse a la luz de los siguientes actos:

Primero. Poder ejecutivo federal: el 11 de mayo de 2020 el presidente de la república emitió el Acuerdo por el que se dispone de la Fuerza Armada permanente para llevar a cabo tareas de seguridad pública de manera extraordinaria, regulada, fiscalizada, subordinada y complementaria. Este acuerdo en su núcleo esencial, permite que el ejecutivo federal disponga del ejército para realizar actividades que constitucionalmente les corresponden a las policías en sus tres niveles del gobierno.

A mi juicio, este Acuerdo contraviene de manera frontal y directa recomendaciones realizadas por la CIDH, así como parece inconstitucional pues es la propia CPEUM la que ordena que la seguridad pública es una materia concurrente entre los tres niveles de gobierno.[35] Así, las disposiciones de este Acuerdo no solo hacen caso omiso a las recomendaciones de la CIDH, sino que desacata la sentencia del Caso Alvarado Espinoza y Otros *vs.* México, además de contravenir disposiciones constitucionales.

---

35 Artículo 21, párrafo noveno de la Constitución Política de los Estados Unidos Mexicanos: «La seguridad pública es una función del Estado a cargo de la Federación, las entidades federativas y los Municipios, cuyos fines son salvaguardar la vida, las libertades, la integridad y el patrimonio de las personas, así como contribuir a la generación y preservación del orden público y la paz social...».

Segundo. El Congreso de la Unión y la mayoría de las legislaturas locales [Poder Reformador de la Constitución]: El 18 de noviembre de 2022, se publicó el Decreto por el que se reformó el artículo 5° transitorio de la reforma constitucional en materia de la Guardia Nacional, para que el ejecutivo federal disponga de las fuerzas armadas en tareas de seguridad pública hasta el año 2028 [el periodo originalmente establecido era hasta el año 2024]. Al ampliar el periodo para que el ejecutivo federal disponga del personal militar en tareas que constitucionalmente no le corresponden, prolonga el tiempo para que los soldados estén en las calles, lo que también desoye la recomendación de la CIDH.

Tercero. El poder judicial federal: El día 29 de noviembre de 2022, el Pleno de la SCJN resolvió la controversia constitucional 90/2020,[36] en la cual por mayoría de 8 votos, el Alto Tribunal Constitucional determinó validar el Acuerdo por el que se dispone de la Fuerza Armada permanente para llevar a cabo tareas de seguridad pública de manera extraordinaria, regulada, fiscalizada, subordinada y complementaria.[37] Este hecho, sin lugar a dudas, es la actuación más contumaz por parte del Estado mexicano. La SCJN como Tribunal Constitucional no solo tiene a su cargo garantizar jurisdiccionalmente la Constitución de manera concentrada sino también ejercer un control de convencionalidad difuso.

Por lo tanto, al resolver la controversia constitucional, la Corte debía someter el Acuerdo a escrutinio constitucional y convencional, esto último —para lo que nos interesa—, a efecto de verificar si no se contravenía o desoía los informes y recomendaciones de la CIDH, o peor aún, si al declarar que el Acuerdo era constitucional ese hecho no implicaba de alguna

36 Esta controversia constitucional es citada en el Informe Anual 2021, de la CIDH, pág. 1080.

37 Resulta interesante el sentido en que se resolvió la controversia constitucional 90/2020, pues pareciera que la SCJN nos dice que es posible eludir los efectos de la CT 293/2011 y la jurisprudencia de la Corte IDH, específicamente el Caso Alvarado Espinoza y Otros *vs.* México.

manera el desacato a la sentencia del Caso Alvarado Espinoza y Otros *vs.* México, para lo cual el ejecutivo federal en su Acuerdo refirió que el uso de las Fuerzas Armadas sería extraordinario, regulado, fiscalizado, subordinado y complementario, haciendo alusión al párrafo 182 de la sentencia,[38] en lo que aparentemente es un intento del poder ejecutivo para hacer pasar el Acuerdo que emitió como un acto conforme a los estándares interamericanos fijados por la Corte IDH en la fallo al que se ha hecho alusión.

Lo cierto es que «la cada vez más constante militarización de la seguridad pública, así como la renuencia del ejército de responsabilizarse por las violaciones de derechos humanos cometidas por sus elementos»[39] en el ejemplo tomado, da la apariencia de que los poderes públicos, con su actuar, parecieran dar la idea de que dependiendo del asunto del que se trate se tendrá disposición de cumplir o no los compromisos internacionales adquiridos por el Estado mexicano, y para lo cual se aprecia que la CIDH tiene ciertas e importantes limitaciones materiales para garantizar y proteger los derechos humanos en los Estados Unidos Mexicanos.

---

38 Sentencia Caso Alvarado Espinoza y Otros *vs.* México, párr. "182. En vista de lo anterior, como regla general, la Corte reafirma que el mantenimiento del orden público interno y la seguridad ciudadana deben estar primariamente reservados a los cuerpos policiales civiles.407 No obstante, cuando excepcionalmente intervengan en tareas de seguridad, la participación de las fuerzas armadas debe ser:

a) ***Extraordinaria***, de manera que toda intervención se encuentre justificada y resulte excepcional, temporal y restringida a lo estrictamente necesario en las circunstancias del caso;[408]

b) ***Subordinada y complementaria***, a las labores de las corporaciones civiles, sin que sus labores puedan extenderse a las facultades propias de las instituciones de procuración de justicia o policía judicial o ministerial;[409]

c) ***Regulada***, mediante mecanismos legales y protocolos sobre el uso de la fuerza, bajo los principios de excepcionalidad, proporcionalidad y absoluta necesidad[410] y de acuerdo con la respectiva capacitación en la materia,[411] y

d) ***Fiscalizada***, por órganos civiles competentes, independientes y técnicamente capaces[412] [el realce en negritas y subrayado es añadido].

39 Nuño Ruiz Velasco, Alejandra. Las desapariciones forzadas en la lucha contra la delincuencia organizada: el Caso Alvarado Espinoza y otros *vs.* México. [aut. lib.] Jorge Ulises Carmona Tinoco, y otros. *México ante la Corte Interamericana de Derechos Humanos, del Caso Martín del Campo al Caso Digna Ochoa*. México: Dirección General de Dechos Humanos. SCJN, 2022, pág. 336.

III. Conclusiones

Analizado desde una perspectiva formal, la CIDH, a pesar de componerse de un número reducido de comisionadas y comisionados —en donde prácticamente las relatorías les superan 2 a 1, y los Estados parte les sobrepasan 5 a 1—, cumple a cabalidad su papel en la protección y garantía de los derechos, al emitir informes y recomendaciones con estricto apego a la CADH, además de darle un puntual y riguroso seguimiento a los efectos de sus funciones tanto en el aspecto político como en el cuasijurisdiccional.

No obstante, al analizar el aspecto material de su actuación, se deduce que el manto de protección y garantía de los derechos en México no se lleva a cabo de manera eficaz ni eficiente, y de esto no es responsable la CIDH ni el SIDH en su conjunto, sino que la inexistencia de una norma coercitiva —diseñada así por los Estados miembros de la OEA— provoca que poco o nada pueda hacerse fehacientemente para garantizar y proteger los derechos de las personas. De esta manera, pareciera que las normas del SIDH, especialmente la CADH, en lugar de ser una disposición normativa de *hard law*, pasen en los hechos a ser una de *soft law*.

¿De qué forma podrían garantizarse y protegerse los derechos de las personas si un Estado decide deliberadamente no cumplir una recomendación en un informe, ya no digamos una sentencia? No hay forma, al no existir disposiciones dentro de todo el cuerpo normativo interamericano que permitan la imposición de sanciones más allá de las que pueden tener una *restitutio in integrum* en forma de indemnización o del pago de costas que, por su naturaleza y la finalidad que persiguen, son conceptos de derecho procesal y de justicia transicional totalmente diferentes a la imposición de una medida sancionadora —por ejemplo, una multa— que vendría siendo una consecuencia por el incumplimiento de obligaciones internacionales.

Para los tiempos que vive México actualmente [diciembre de 2022], donde la democracia está amenazada, los periodistas son constantemente asesinados y los feminicidios van al alza [situación que en 2025 no ha cambiado sino que se ha agudizado], se necesita una enmienda a todo el *corpus iuris* interamericano que permita a los principales órganos del SIDH efectivizar realmente, y de manera ineludible, la protección y la garantía de los derechos en sus respectivas competencias y facultades.

IV. Fuentes de consulta y referencias

1. García Chavarría, Ana Belem. *Los Procedimientos ante la Comisión Interamericana de Derechos Humanos.* México: Comisión Nacional de los Derechos Humanos, 2015.
2. Nuño Ruiz Velasco, Alejandra. Las desapariciones forzadas en la lucha contra la delincuencia organizada: el Caso Alvarado Espinoza y otros *vs.* México. [aut. lib.] Jorge Ulises Carmona Tinoco, y otros. *México ante la Corte Interamericana de Derechos Humanos, del Caso Martín del Campo al Caso Digna Ochoa.* México: Dirección General de Dechos Humanos. SCJN, 2022.
3. Pelayo Moller, Carlos María. *Introducción al Sistema Interamericano de Derechos Humanos.* México: Comisión Nacional de los Derechos Humanos, 2011.
4. Corte IDH. Caso Alvarado Espinoza y otros *vs.* México. Fondo, Reparaciones y Costas. Sentencia de 28 de noviembre de 2018. Serie C No. 370.
5. Comisión Interamericana de Derechos Humanos. Informe Anual. 2021.
6. Comisión Interamericana de Derechos Humanos. Informe del Mecanismo Especial de Seguimiento al Asunto Ayotzinapa (MESA). 2022. Avances y Seguimiento del Cumplimiento a la Medida Cautelar MC/409/14.
7. Comisión Interamericana de Derechos Humanos. Situación de derechos humanos en México. 2015.
8. Constitución Política de los Estados Unidos Mexicanos.
9. Convención Americana sobre Derechos Humanos.
10. Estatuto de la Comisión Interamericana de Derechos Humanos.

11. https://www.oas.org/es/CIDH/jsForm/?File=/es/cidh/mandato/composicion.asp#2.
12. https://www.trt.net.tr/espanol/vida-y-salud/2022/12/09/tribunal-europeo-de-derechos-humanos-multa-a-francia-que-no-brinda-asilo-a-los-solicitantes-1917044.

Ensayo crítico al artículo de investigación[40] «El control judicial interno de convencionalidad», del doctor Sergio García Ramírez

A la memoria de los doctores Héctor Fix-Zamudio y Sergio García Ramírez: Jueces interamericanos, maestros de mis maestros. Que su legado y enseñanzas se transmitan y perduren a través del tiempo.

40 Bajo esta denominación aparece el trabajo del Dr. Sergio García Ramírez, de acuerdo con la página oficial de la revista ius del Instituto de Ciencias Jurídicas de Puebla. https://www.revistaius.com/index.php/ius/issue/view/11

Sumario

I. Introducción

En el año 2011, el exjuez de la Corte Interamericana de Derechos Humanos, doctor Sergio García Ramírez, colaboró con un artículo de investigación denominado «El control judicial interno de convencionalidad» para la revista *Ius* del Instituto de Ciencias Jurídicas de Puebla. En este magnífico trabajo de treinta y siete páginas, el doctor García Ramírez, desplegando una técnica de escritura sencilla y, a la vez, muy enriquecedora, da una cátedra en vertiente de doctrina sobre los elementos y componentes del control judicial de convencionalidad interno, haciendo un análisis teórico ejemplificado de manera práctica a través de diversos votos ejercidos en algunos casos contenciosos dirimidos en la Corte Interamericana de Derechos Humanos.

En doce subtemas, el jurista que nos ocupa aborda el tema de una manera inteligente, y este factor provoca que sea un tanto complejo realizar un ensayo crítico a su texto, sobre todo por tratarse de quien se trata. Sin embargo, a la luz de la inevitabilidad —por más que se quiera o intente eludir— que resulta [a veces] el verter aspectos subjetivos, aunque sea desde una perspectiva jurídica, a un trabajo, no es posible inadvertir la concepción que nos da el doctor Sergio García Ramírez en la forma en cómo debe aplicarse el control judicial de convencionalidad en sede nacional, dando así la pauta para este ensayo crítico que ahora se ofrece.

Resulta preciso señalar que la elaboración de este trabajo tendrá tres enfoques: el primero, la ausencia de la interpretación conforme en el texto analizado; el segundo, las razones del porqué sí debe ejecutarse en todos los casos control judicial de convencionalidad interno; y, tercero, la inoperabilidad material de la propuesta de organizar consultas sobre el control judicial de convencionalidad interno sobre disposiciones de aplicabilidad, tal como sugiere el doctor García Ramírez.

Cabe advertirle a usted, quien está leyendo este ensayo, que han pasado más de diez años del artículo de investigación escrito por Sergio García Ramírez y que, en este tiempo, el control de convencionalidad —en su doble vertiente: doctrinaria y jurisprudencial—, así como los desarrollos jurisprudenciales de la Suprema Corte de Justicia de la Nación, de los Tribunales Colegiados de Circuito, de los Plenos Regionales [antes Plenos de Circuito], del Tribunal Electoral del Poder Judicial de la Federación y del Tribunal Federal de Justicia Administrativa, han ido cambiando con el lapso temporal, dotando de contenido los derechos humanos y las garantías para su protección, tomando en consideración cada vez más los estándares internacionales y los criterios adoptados por la Corte Interamericana de Derechos Humanos.[41]

41 Efectos de la jurisprudencia P./J. 21/2014 (10a.), derivada de la contradicción de tesis 293/2011, publicada en el Semanario Judicial de la Federación el 25 de abril de 2014.

II. Ensayo crítico al artículo de investigación «El control judicial interno de convencionalidad»

II.1. La interpretación conforme

Uno de los aspectos que más llama la atención del artículo de investigación desarrollado por el doctor Sergio García Ramírez, es la ausencia de la explicación o citación de la interpretación conforme. Sin denostar en lo absoluto el gran trabajo del jurista dos veces juez interamericano y dos veces presidente de la Corte Interamericana de Derechos Humanos,[42] resulta ciertamente sorpresivo el que no se le hayan dedicado líneas a la interpretación conforme dentro de un apartado subtemático del trabajo que elaboró.

A mi juicio, cualquier trabajo que analice, estudie, explique o metodice el control interno de convencionalidad, por más específico o general que sea, forzosamente debe incluir un capítulo que hable de manera expresa, detallada, exhaustiva y minuciosa sobre la interpretación conforme. Desde luego, esta ausencia en nada demerita la doctrina analizada, pero sí provoca que se encuentre —y lo digo con el máximo de los respetos— parcialmente incompleta.

Surge entonces el cuestionamiento: ¿por qué es importante hablar sobre la interpretación conforme en este o cualquier otro

---

42 Corte Interamericana de Derechos Humanos. Corte IDH. *Jueces que han integrado la Corte IDH.* San José, Costa Rica, noviembre de 2019.

escrito que trate sobre el control judicial de convencionalidad interno? Existen distintas formas de responder esta pregunta, pero aplicando una metodización estrictamente jurídica es porque así lo establece nuestra ley fundamental. La armonización de las normas endógenas y exógenas exige una fórmula interpretativa que sea lo suficientemente adecuada y óptima para realizar el efecto de integración y adjudicación constitucional de la recepción del derecho internacional de los derechos humanos al bloque de constitucionalidad.

Esta explicación se lee sencilla, pero requiere un entendimiento pleno del contenido esencial de los derechos humanos y las garantías para su protección, pues solamente así es posible realizar una correcta interpretación y aplicación de la norma o se corre el riesgo de que el efecto integrador y adjudicador sea erróneo, poco eficaz o se halle incompleto. Por lo tanto y para esta tarea en especial, «"la interpretación conforme" permite que los derechos derivados de los tratados, pactos y convenciones internacionales prevalezcan sobre las normas internas si contienen disposiciones más favorables para el goce y ejercicio de los derechos humanos».[43]

Ahora bien, en tratándose de derechos humanos cuya fuente de reconocimiento sea internacional, la interpretación conforme permite «una especie de compatibilismo común en la interpretación jurídica es el que se realiza entre una norma de mayor jerarquía y otra de menor jerarquía»[44] e incluso frente a actos u omisiones de autoridad.[45] Por sus características, su incorporación a los textos que traten sobre control judicial de convencionalidad resulta imprescindible y no puede obviarse.

---

43 Márquez, Daniel. Interpretación Constitucional (Métodos). [coords.] Eduardo Ferrer Mac-Gregor, y otros. *Diccionario de Derecho Procesal Constitucional y Convencional.* México: Instituto de Estudios Constitucionales del Estado de Querétaro, 2021, Vol. II, pág. 225.

44 Rodríguez, Gabriela, y otros. *Interpretación conforme.* México: Suprema Corte de Justicia de la Nación, 2013. pág. 24.

45 *Vid.* Tesis aislada IV.3o.A.11 K (10a.), con número de registro digital 2002269. Fuente Semanario Judicial de la Federación y su Gaceta. Libro XV, diciembre de 2012, Tomo 2, página 130.

Si el doctor García Ramírez dedicó el subtema once a analizar y desarrollar los modelos de control, tanto concentrado como difuso, de convencionalidad, me parece que debió dedicar inmediatamente un capítulo extra al estudio de la interpretación conforme. Se desconoce si para su artículo de investigación tenía un límite máximo de cuartillas, pero, suponiendo que así fuera, creo que la importancia de analizar este tipo de interpretación a la luz de sus efectos desplaza a los subtemas cinco y/o seis, pues, haciendo una ponderación entre los subtemas y su respectivo contenido, tiene mayor peso e importancia el que debió haber sido destinado al estudio de la interpretación conforme como parte de la doctrina del control de convencionalidad.

¿Puede un texto, sea cual sea su ontología o teleología, no analizar la interpretación conforme a la luz del control de convencionalidad en sede interna? La respuesta es que no, sencillamente porque, para la doctrina del control judicial de convencionalidad interno, se debe traer aparejado un estudio sobre la interpretación conforme, pues ambos generan, *per se*, una amalgama en cuanto al método interpretativo y el modelo de control de las normas subconstitucionales y actos de autoridad que se deben contrastar entre la norma constitucional y la convencional.

II.2. Ejecutabilidad del control judicial interno de convencionalidad en todos los casos que deban conocer los jueces nacionales

Tanto el doctor Sergio García Ramírez en su artículo de investigación como la doctrina jurisprudencial del Poder Judicial de la Federación son unánimes en decir que «el control judicial difuso de convencionalidad *ex officio* no siempre debe ser ejercido al momento de resolver un caso en concreto».[46] Esta con-

46 *Cfr.* Jurisprudencia (III Región) 5o. J/10 (10a.), con número de registro digital 2005941. Fuente Gaceta del Semanario Judicial de la Federación. Libro 4, marzo de 2014, Tomo II, página 1358.

sideración me parece criticable frente a lo dispuesto por nuestra Constitución Política Federal.

La Constitución Política de los Estados Unidos Mexicanos, en su artículo primero, párrafo segundo, dispone lo siguiente: «Las normas relativas a los derechos humanos se interpretarán de conformidad con esta Constitución y con los tratados internacionales de la materia favoreciendo en todo tiempo a las personas la protección más amplia».

Esta porción normativa tiene una estructura lingüística muy peculiar, y sobre ella vale la pena reflexionar: Primero, porque establece de forma clara a nivel constitucional la herramienta hermenéutica de interpretación que deberá desplegarse cuando se esté en presencia de normas que traten sobre derechos humanos. En segundo lugar, porque estatuye el principio *pro personae* como garantía de favorabilidad protectora de manera continua en el tiempo.

Ahora, específicamente, por lo que se refiere al modelo de interpretación «desde el punto de vista sintáctico el legislador constitucional utilizó el tiempo verbal futuro simple del modo indicativo y no el imperativo o un verbo deóntico (como deber), la doctrina es prácticamente unánime en reconocer que se trata de una auténtica obligación de llevar a cabo una interpretación conforme».[47]

Lo anterior significa que el Poder Reformador de la Constitución estableció una cláusula en forma de metamandato de rango constitucional, el cual resulta ineludible e inexcusable en el sentido de que siempre se debe realizar interpretación conforme, lo cual conlleva, invariablemente, a formular un control difuso judicial de convencionalidad.

Dicho en otras palabras, todos los órganos jurisdiccionales, indistintamente de si formalmente pertenecen al Poder Judicial o no, están llamados a ejercer este tipo de control en los casos

---

47 Rodríguez, Gabriela, y otros. *Op.cit.*, pág. 6.

sometidos a su potestad, y no únicamente desde un punto de vista de ponderación en aras de una protección de mayor amplitud, pues esta garantía, *per se*, ya se encuentra establecida en la propia ley fundamental. El aspecto de máxima favorabilidad hacia las personas debe entenderse en un plano de temporalidad continuo y sistemático, no como un criterio sustantivo de selección entre normas, como actualmente ha venido sucediendo y como refiere el doctor García Ramírez en su texto.

Es en este punto donde existe la disidencia y donde creo que tanto la jurisprudencia nacional como el propio jurista Sergio García Ramírez han optado por una fórmula relativamente fácil en donde se realiza el ejercicio previo de ponderación entre la norma interna y externa para saber cuál otorga mayor protección, lo cual no significa que este ejercicio sea erróneo, la parte que se critica y en la cual creo que se elude el mandato constitucional es en no realizar el examen de convencionalidad difuso al cual están obligadas todas las autoridades judiciales del país, pues solamente ejecutando este control a través de la interpretación conforme es que «los jueces nacionales se convierten en los primeros jueces interamericanos. Son ellos los que tienen la mayor responsabilidad para armonizar la legislación nacional con los parámetros interamericanos».[48]

II.3. Inoperabilidad de las consultas de control interno de convencionalidad en sede jurisdiccional nacional

Este punto que ahora analizaré será en extremo breve, pero no por ello menos importante o con pocos argumentos. En el artículo de investigación bajo estudio, el doctor Sergio García Ramírez refiere la posibilidad —en consonancia con el

48 *Interpretación conforme y control difuso de convencionalidad. El nuevo paradigma para el juez mexicano.* Ferrer Mac-Gregor, Eduardo. 2,: Centro de Estudios Constitucionales de Chile Universidad de Talca, 2011, Estudios Constitucionales, Vol. 9, pág. 620.

investigador Edgar Corzo— de que órganos jurisdiccionales realicen consultas a un órgano jurisdiccional superior en aras de determinar la posible convencionalidad o inconvencionalidad en la aplicación de una norma interna.

En este sentido, pienso que esta posibilidad es innecesaria; si existe el criterio en una opinión consultiva o en un precedente por jurisprudencia de la Corte Interamericana de Derechos Humanos, no tendría sentido realizar la consulta, pues bastaría con analizar lo determinado por la Corte Interamericana para dar salida a la cuestión. Pero ¿qué pasaría si no existe el precedente? ¿Podría el órgano jurisdiccional interno, por muy superior que sea, emitir la respuesta a lo que se le consulte?

A mí parecer no, puesto que dar contestación a una consulta sobre la convencionalidad o inconvencionalidad de una norma intralegal supondría ejercer una función interpretativa de control concentrado de convencionalidad.[49] En un caso hipotético, ¿qué pasaría si el órgano jurisdiccional interno emite la respuesta a una consulta y posteriormente [años quizá] se resuelve un caso contencioso o una opinión consultiva con resultados y estándares no solo diferentes sino opuestos a la respuesta dada en sede nacional? Naturalmente sobrevendría una antinomia jurídica con un efecto desarmonizador.

49 Función que le compete exclusivamente a la Corte Interamericana de Derechos Humanos, según disponen el artículo 64.1, de la Convención Americana sobre Derechos Humanos; y el similar 1°, del Estatuto de la Corte Interamericana de Derechos Humanos.

III. Conclusiones

Analizar la doctrina del control judicial interno de convencionalidad del doctor Sergio García Ramírez debe ser de estudio obligatorio en todas las sedes de educación superior en la carrera de Derecho. El análisis realizado para la ejecución de este ensayo crítico no resultó fácil ni sencillo, particularmente porque el autor del artículo que se examinó es un gran jurista, y tratar de encontrar un elemento de crítica y darle un correcto enfoque constituyó una labor compleja.

Sin embargo, creo que, principalmente, el no haber dedicado unas páginas a la interpretación conforme hizo que este magnífico trabajo careciera de uno de los elementos más importantes que se deben observar al momento de realizar, o inclusive pedir, un control judicial interno de convencionalidad.

La interpretación conforme es una herramienta o técnica hermenéutica que comporta un método de integración de nivel constitucional y convencional, que busca contrastar las normas de derechos humanos de fuente interna y las normas externas del derecho internacional de los derechos humanos. Por sus características, y la tolerabilidad que presenta para interpretar de distintas maneras las normas con el objetivo de hacerlas compatibles entre sí, antes de su inaplicación o eventual expulsión del sistema jurídico, su estudio y análisis resultan obligatorios. No es posible entender en todo su conjunto el control judicial interno de convencionalidad si se pasa por alto la interpretación conforme, máxime si se estudiaron los dos modelos de convencionalidad, tanto el concentrado como el difuso.

En relación con las posibles consultas citadas por el exjuez García Ramírez, en años recientes la Suprema Corte de Justicia de la Nación ha venido realizando diálogos con los dos órganos del Sistema Interamericano [Comisión y Corte], lo cual me parece importante e interesante para los efectos que se buscan: incentivar la participación de los tribunales nacionales con el tribunal de la región sobre lo que ambos tengan que decir sobre los derechos humanos, a través de sus sentencias, que deben adquirir un carácter de sentencias dialógicas, así como compartir sus visiones y experiencias para enriquecer y fortalecer la integración regional y lograr, por fin, el tan ansiado *ius constitutionale commune.*

IV. Fuentes de consulta y referencias

1. Ferrer Mac-Gregor, Eduardo. *Interpretación conforme y control difuso de convencionalidad. El nuevo paradigma para el juez mexicano.* 2, s. l.: Centro de Estudios Constitucionales de Chile Universidad de Talca, 2011, Estudios Constitucionales, Vol. 9.
2. Márquez, Daniel. Interpretación Constitucional (Métodos). [coords.] Eduardo Ferrer Mac-Gregor, y otros. *Diccionario de Derecho Procesal Constitucional y Convencional.* México: Instituto de Estudios Constitucionales del Estado de Querétaro, 2021, Vol. II.
3. Rodríguez, Gabriela, y otros. *Interpretación conforme.* México: Suprema Corte de Justicia de la Nación, 2013.
4. Corte Interamericana de Derechos Humanos. Corte IDH. *Jueces que han integrado la Corte IDH.* San José, Costa Rica: s. n., noviembre de 2019.
5. Constitución Política de los Estados Unidos Mexicanos.
6. Convención Americana sobre Derechos Humanos.
7. Estatuto de la Comisión Interamericana de Derechos Humanos.
8. Tesis: IV.3o.A.11 K (10a.). Fuente: Semanario Judicial de la Federación y su Gaceta. Libro XV, Diciembre de 2012, Tomo 2, página 1305.
9. Jurisprudencia (III Región)5o. J/10 (10a.). Fuente: Gaceta del Semanario Judicial de la Federación. Libro 4, Marzo de 2014, Tomo II, página 1358.
10. https://www.revistaius.com/index.php/ius/issue/view/11

Ensayo crítico al amparo en revisión 237/2014

A mis sobrinos Edgar ***Joel*** *y Daniela* ***Alejandra****, quienes paradójicamente llevan mi nombre, y a los cuales amo.*

Sumario

I. Introducción

El 4 de noviembre de 2015, la Primera Sala de la Suprema Corte resolvió el amparo en revisión 237/2014 y declaró la inconstitucionalidad de diversos artículos de la Ley General de Salud.[50] En este juicio constitucional, las personas quejosas alegaban la inconstitucionalidad de los artículos 235, último párrafo, 237, 245, fracción I, 247, último párrafo, y 248, todos de la Ley General de Salud.[51]

En su demanda, los quejosos arguyeron que la prohibición absoluta del consumo lúdico o recreativo de la marihuana violentaba diversos derechos fundamentales señalando los siguientes: derecho a la identidad personal, propia imagen, libre desarrollo de la personalidad, autodeterminación y libertad individual, todos en relación con el principio de dignidad humana, así como el derecho a la disposición de la salud.[52]

Reasumiendo su competencia originaria derivada del recurso de revisión presentado por los quejosos al no concedérseles el amparo por parte del Juez de Distrito del conocimiento y al subsistir un problema de inconstitucionalidad en el cual no existía jurisprudencia en torno a los artículos combatidos,[53] el asunto se turnó a la Primera Sala de la Suprema Corte de Justicia de la Nación, y recayó en la ponencia del ministro Arturo Zaldívar Lelo de Larrea, para que formulara el proyecto respectivo.

---

50 Niembro Ortega, Roberto. *La argumentación constitucional de la Suprema Corte. A diez años de la reforma de derechos humanos*. México: Instituto de Estudios Constitucionales del Estado de Querétaro, 2021. pág. 48.

51 Foja 3, párr. segundo de la sentencia de amparo.

52 Demanda de amparo, fojas 13-76.

53 Foja 17, párr. primero del AR 237/2014.

En el estudio del caso, para resolver la *litis*, la Corte opta por utilizar el test de proporcionalidad como metodología de adjudicación constitucional al identificar principios y derechos en tensión.

Bajo un crisol de análisis crítico, el presente trabajo que se ofrece se dividirá en dos subtemas: el primero, concerniente a la incorporación de todos los derechos violentados aludidos por los quejosos en uno solo que, *prima facie*, no encuentra una justificación ni explicación plena; y, en otro momento, la extraña razón de pasar a la cuarta grada del examen de proporcionalidad cuando las disposiciones impugnadas, que conformaban un sistema de prohibiciones administrativas, no habían logrado superar la etapa de necesidad dentro del test de proporcionalidad.

II. Ensayo crítico al amparo en revisión 237/2014

II.1. El derecho al libre desarrollo de la personalidad como el derecho fundamental fijado para ser protegido en la sentencia

Primeramente hay que señalar que para resolver este amparo —desde luego paradigmático y relevante—, el Tribunal Constitucional como órgano del Estado mexicano, adopta de lleno un modelo completamente liberal en un sentido muy amplio. Luego entonces y partiendo de esta premisa que me parece importante recalcar, es cierto —como lo dice la propia sentencia— que el derecho al libre desarrollo de la personalidad es un derecho «residual» o como también se ha denominado «de paraguas» por dar cobertura a otras libertades y derechos implícitos que propiamente no están estructurados explícitamente en una disposición jurídica de orden superior,[54] y que dentro de su fuente de creación normativa imperan la ambigüedad o vaguedad, por lo que requieren ser extraídos, estructurados, dotados de contenido e incorporados al sistema jurídico normativo por la propia justicia constitucional a través de sus sentencias y jurisprudencias.

Ahora bien, para dar respuesta al planteamiento y resolver la *litis*, la Primera Sala de la Suprema Corte de Justicia de la Nación analiza los derechos aludidos como violentados por los quejosos

54 Como pueden ser las Constituciones o tratados internacionales en materia de derechos humanos.

en el juicio. Aquí viene la primera parte de este análisis crítico: los derechos de identidad personal, propia imagen, privacidad y dignidad humana, la Primera Sala consideró que todas estas quedan comprendidas en el derecho al libre desarrollo de la personalidad[55] bajo el argumento de que los mismos no tienen un reconocimiento explícito en los sistemas normativos, razón por la cual se cobijan al amparo del derecho al libre desarrollo de la personalidad.

Sin embargo, creo que en este punto que es de la mayor relevancia al fijar los derechos vulnerados, la Corte no explica con suficiencia por qué decide alojar todos esos derechos en uno solo. A mi juicio, algunos de esos derechos sí encuentran reconocimiento en distintos ordenamientos, por ejemplo: el derecho a la identidad personal se encuentra en el artículo 4°, párrafo octavo, de la Constitución General de la República; el derecho a la privacidad se encuentra en los artículos 12, de la Declaración Universal de los Derechos Humanos; 11.2, de la Convención Americana sobre Derechos Humanos, y 16, párrafo primero, de nuestra ley fundamental;[56] y la dignidad humana tiene reconocimiento constitucional en el artículo 1° de la ley suprema del Estado mexicano; funge como un principio jurídico que permea en todo el ordenamiento, pero también como un derecho fundamental que debe ser respetado en todo caso.

En este sentido, la Suprema Corte al referirse a la dignidad humana ha manifestado que su «importancia resalta al ser la base y condición para el disfrute de los demás derechos y el desarrollo integral de la personalidad».[57] Por otra parte, también ha dicho en su doctrina jurisprudencial que «la dignidad debe

55 Foja 29, párr. primero de la sentencia que concedió la protección constitucional.

56 Al respecto, véase la tesis aislada que lleva por rubro «Derecho a la privacidad o intimidad. Está protegido por el artículo 16, primer párrafo, de la constitución política de los Estados Unidos Mexicanos», con registro digital 169700.

57 Jurisprudencia 1a./J. 37/2016 (10a.), con registro digital 2012363. Fuente: Gaceta del Semanario Judicial de la Federación. Libro 33, agosto de 2016, Tomo II, página 633.

reconocerse como condición y base de los demás derechos fundamentales (IUS: 165813)».[58]

Aquí me parece muy criticable la decisión que toma la Corte en esta cuestión. Por un lado, decide aglomerar ciertos derechos que sí tienen reconocimiento expreso en el derecho constitucional mexicano y en el derecho internacional de los derechos humanos, sin hacer una explicación justificativa y argumentativa del porqué, a su consideración, todos los derechos aducidos por los quejosos como violentados deben comprenderse dentro del derecho al libre desarrollo de la personalidad.

Por otra parte, pienso que es una equivocación considerar que la dignidad humana se encuentra dentro del derecho al libre desarrollo de la personalidad, cuando, más bien, es al revés: el derecho al libre desarrollo de la personalidad tiene como base y condición la propia dignidad humana.

Consecuentemente, concuerdo con la crítica que hace el doctor Juan Antonio García Amado: «¿Es el derecho al libre desarrollo de la personalidad una especie de macroderecho o supraderecho que abarca dentro de sí derechos tan dispares como el de identidad, propia imagen, privacidad y dignidad?».[59]

En este punto, creo que la Primera Sala toma la decisión que menos cargas argumentativas va a comportarle y decide fijar todos los derechos en juego en uno solo quizá para economizar procesalmente el juicio o para no tener que realizar un test de proporcionalidad por cada derecho, lo cual considero era lo técnica y jurídicamente más pertinente y ofrecía una valiosa oportunidad para trazar un rumbo de integración y uniformidad de

58 Álvarez Toledo, Daniel. Dignidad Humana. Coordinador: Caballero González, Edgar Salvador. *Diccionario Práctico de Derecho Constitucional.* México: Centro de Estudios Jurídicos Carbonell, A. C., 2020, pág. 50.

59 García Amado, Juan Antonio. Consumo lúdico de la marihuana y libre desarrollo de la personalidad. Comentario a la sentencia de la Suprema Corte de Justicia de la Nación (Primera Sala), amparo en revisión 237/2014. (coords.) González Carvallo, Diana Beatriz y Sánchez Gil, Rubén. *EL Test de proporcionalidad en la Suprema Corte. Aplicaciones y desarrollos recientes.* México: Centro de Estudios Constitucionales de la Suprema Corte de Justicia de la Nación, 2021, pág. 81.

interpretación constitucional que hubiera significado dotar de mayor contenido a varios derechos en lugar de solo a uno.

II.2. La cuarta grada del test de proporcionalidad en el amparo en revisión 237/2014

En esta segunda parte del análisis que se ofrece, considero útil iniciar con una pregunta: una vez determinada la inconstitucionalidad del sistema de prohibiciones administrativas estatuidas en la Ley General de Salud, al no lograr superar la etapa de necesidad en el examen de proporcionalidad, ¿se requería pasar a la cuarta y última grada del test de proporcionalidad y ejecutar un escrutinio de ponderación en sentido estricto?

Prima facie, podríamos inferir que sí era plausible abordar la última etapa del juicio de ponderación, ya que eso daría mayores elementos argumentativos a la *ratio decidendi* de la propia sentencia, y demostraría la desproporcionalidad entre la medida legislativa y el derecho fundamental —o, mejor dicho, los derechos— vulnerado[s]. No obstante, en una metodología estricta del test de proporcionalidad, creo que, con todo y las razones ofrecidas —de mucha calidad, por cierto— por el ministro Zaldívar, no se requería pasar a esa cuarta grada del juicio de proporcionalidad, y a continuación explicaré por qué.

El test de proporcionalidad puede comprenderse a la luz de la adopción del modelo que hizo la academia y la justicia constitucional mexicana, el cual consta de cuatro etapas: (1) finalidad constitucionalmente legítima de una medida, (2) idoneidad de la medida, (3) necesidad de la medida y (4) proporcionalidad en sentido estricto de la medida. No corresponde aquí abordar la naturaleza y objetivos de cada una de las etapas que conforman el examen; sin embargo, sí es importante, para esta crítica analítica, dejar en claro que la doctrina especializada sobre el escrutinio de proporcionalidad y la interpretación constitucional son unánimes en concluir que, para declarar la constitucionalidad de una medida, esta debe superar las cuatro gradas del test de proporcionalidad.

Pero si la medida no supera alguna etapa del examen, este debe concluir resolviendo la inconstitucionalidad de la medida, y se puede prescindir de continuar el estudio a la etapa inmediata siguiente a aquella en que la medida tuvo un obstáculo que le impidió continuar con el escrutinio. Si bien es cierto, del amparo en revisión que ahora nos ocupa se produjeron importantes tesis;[60] no menos cierto es que la tesis 1a. CCLXX/2016 (10a.), con registro digital 2013154, en su última parte refiere lo siguiente:

> [...] Así, de encontrarse alguna medida alternativa que sea igualmente idónea para proteger el fin constitucional y que a su vez intervenga con menor intensidad al derecho, **deberá concluirse que la medida elegida por el legislador es inconstitucional. En caso contrario, deberá pasarse a la cuarta y última etapa del escrutinio: la proporcionalidad en sentido estricto.**[61]

De esta guisa, siguiendo la propia metodización del test de proporcionalidad, existen dos posibles interpretaciones a la porción textual transcrita: la primera, de técnica gramatical, nos indica con toda claridad que, si la medida bajo análisis no resulta inconstitucional en la tercera grada del examen, que es la necesidad, debe pasarse a la siguiente y última etapa para verificar su proporcionalidad en sentido estricto; la segunda, interpretación de método *a contrario sensu*, refiere que, si la medida sometida a evaluación no supera la grada de necesidad y, desde ese momento, se constata su incompatibilidad constitucional, entonces se debe declarar su inconstitucionalidad, lo que —como no puede

60 Me refiero a las tesis que llevan por registro digital los siguientes números: 2013143, 2013152, 2013154 y 2013136.

61 [Las negritas son propias].

ser de otra manera— conllevaría a su invalidez, y entonces estaría de más o sobraría proceder a ejecutar la siguiente etapa del test.

Así las cosas, cuando el tribunal constitucional realiza el examen de proporcionalidad y llega a la grada de necesidad identifica que «el sistema de prohibiciones administrativas contenidas en las normas impugnadas resulta completamente inconstitucional al constituir una medida innecesaria al existir otras medidas alternativas idóneas para proteger [...] el derecho a la salud y el orden público»,[62] concluyendo que el sistema de prohibiciones administrativas combatido no supera esta grada del test,[63] ante lo cual lo conducente era ya no proseguir con el siguiente nivel de escrutinio, y concluir el examen de proporcionalidad declarando la inconstitucionalidad de la medida adoptada por el legislador.

En mi opinión, la Suprema Corte quiso innovar tanto con esta técnica de adjudicación constitucional que se desbordó en la aplicabilidad del método que usó para resolver la *litis*.

La densidad argumentativa en cada etapa del test tiene una importante valía en el amparo en revisión 237/2014, pero, invariablemente, considero que fue innecesario e inadecuado no respetar la propia metodología del test de proporcionalidad. Podría surgir entonces una interrogante al seguir este modelo de la Primera Sala: ¿si una medida legislativa o acto administrativo no supera la primera grada del test de proporcionalidad, podríamos avanzar a la segunda, tercera o cuarta etapa del test? Naturalmente no, pero, invariablemente, y sin proponérselo, es a lo que invita la Corte al resolver el amparo en revisión en la forma en que lo hizo.

---

62 Ríos García, Óscar Leonardo. *Sentencias de impacto social. Guía de Análisis*. México: Centro de Estudios Jurídicos Carbonell, A. C., 2021. págs. 164-165.

63 «De acuerdo con lo anterior, el "sistema de prohibiciones administrativas" configurado por los artículos impugnados *constituye una medida innecesaria*, toda vez que existen medidas alternativas igualmente idóneas para proteger la salud y el orden público que intervienen el derecho fundamental en un menor grado. Así, esta Primera Sala considera que <u>**la prohibición del consumo personal de marihuana con fines lúdicos es inconstitucional al no superar esta grada del test de proporcionalidad**</u>». Foja 76, párr. último de la sentencia protectora [el realce en negritas y subrayado son míos].

III. Conclusiones

Indudablemente el amparo en revisión 237/2014 se trata de una sentencia relevante en el modelo de Estado constitucional de derecho en su faceta de Estado liberal. Los efectos de esta sentencia son transformadores pues «incorporó la perspectiva de los derechos humanos al debate, enfatizando la violación que una prohibición absoluta conlleva al libre desarrollo de la personalidad».[64]

Asimismo, su valor intrínseco podemos estudiarlo a partir de tres vertientes: la primera, sentó las bases para resolver otros juicios de amparo que presentaron el mismo problema de constitucionalidad;[65] la segunda, tomó en cuenta la evidencia científica para otorgar mayores argumentos y elementos a la hora de resolver los juicios, aunque «hubiera sido deseable acudir a conocimiento técnico y científico especializado de manera formal»;[66] y la tercera, me parece que también incorpora y fortalece en sede jurisdiccional interna lo que desde hace tiempo la Corte Interamericana de Derechos Humanos ha venido diciendo al afirmar que «existen ciertos atributos inviolables de la persona humana que no pueden ser legítimamente menoscabados por el ejercicio del poder público».[67]

Sin embargo, quizá por lo novedoso del asunto o por llevar a la práctica el test de proporcionalidad, considero que la

64 Niembro Ortega. *Op.cit.*, pág. 54.

65 Amparos en revisión 623/2017; 547/2018; 548/2018; y la Declaratoria General de Inconstitucionalidad 1/2018, con la cual se expulsó del sistema jurídico a todo el sistema de prohibiciones administrativas, con efecto *erga omnes*.

66 Voto Concurrente formulado por el ministro José Ramón Cossío, pág. 3, último párrafo.

67 Corte IDH. Caso de los Buzos Miskitos (Lemoth Morris y otros) *vs.* Honduras. Sentencia de 31 de agosto de 2021, Párrafo 42.

sentencia tiene algunos problemas en la aplicación metodológica del examen de proporcionalidad y en la forma en cómo se precisaron los derechos vulnerados, pues no hay razones suficientes y de peso para continuar con el escrutinio de proporcionalidad si, en la tercera grada de estudio [necesidad], ya había quedado suficientemente demostrado que el sistema de prohibiciones administrativas contenido en las porciones normativas de la Ley General de Salud resultaba inconstitucional. Tampoco encuentra justificación el que algunos derechos fundamentales, plenamente reconocidos en diversos instrumentos normativos, hayan sido incluidos dentro del derecho al libre desarrollo de la personalidad.

IV. Fuentes de consulta y referencias

1. Amparo en revisión 623/2017.
2. Amparo en revisión 547/2018.
3. Amparo en revisión 548/2018.
4. Constitución Política de los Estados Unidos Mexicanos.
5. Declaratoria General de Inconstitucionalidad 1/2018.
6. García Amado, Juan Antonio. Consumo lúdico de la marihuana y libre desarrollo de la personalidad. Comentario a la sentencia de la Suprema Corte de Justicia de la Nación (Primera Sala), amparo en revisión 237/2014. (coords.) González Carvallo, Diana Beatriz y Sánchez Gil, Rubén. El Test de Proporcionalidad en la Suprema Corte. Aplicaciones y Desarrollos Recientes. México: Centro de Estudios Constitucionales de la Suprema Corte de Justicia de la Nación, 2021.
7. Convención Americana sobre Derechos Humanos.
8. Declaración Universal de los Derechos Humanos.
9. Álvarez Toledo, Daniel. Dignidad Humana. Coordinador: Caballero González, Edgar Salvador. Diccionario Práctico de Derecho Constitucional. México: Centro de Estudios Jurídicos Carbonell, A. C., 2020.
10. Niembro Ortega, Roberto. La argumentación constitucional de la Suprema Corte. A diez años de la reforma de derechos humanos. México: Instituto de Estudios Constitucionales del Estado de Querétaro, 2021.
11. Ríos García, Óscar Leonardo. Sentencias de impacto social. Guía de Análisis. México: Centro de Estudios Jurídicos Carbonell, A. C., 2021.

12. Tesis 2a. LXIII/2008, con registro digital 169700. Fuente: Semanario Judicial de la Federación y su Gaceta. Tomo XXVII, Mayo de 2008, página 229.
13. Tesis 1a./J. 37/2016 (10a.), con registro digital 2012363. Fuente: Gaceta del Semanario Judicial de la Federación. Libro 33, Agosto de 2016, Tomo II, página 633.
14. Tesis: 1a. CCLXXII/2016 (10a.), con registro digital 2013136. Fuente: Gaceta del Semanario Judicial de la Federación. Libro 36, Noviembre de 2016, Tomo II, página 894.
15. Tesis: 1a. CCLXV/2016 (10a.). Fuente: Gaceta del Semanario Judicial de la Federación. Libro 36, Noviembre de 2016, Tomo II, página 902.
16. Tesis: 1a. CCLXVIII/2016 (10a.). Fuente: Gaceta del Semanario Judicial de la Federación. Libro 36, Noviembre de 2016, Tomo II, página 911.
17. Tesis: 1a. CCLXX/2016 (10a.). Fuente: Gaceta del Semanario Judicial de la Federación. Libro 36, Noviembre de 2016, Tomo II, página 914.
18. Corte Interamericana de Derechos Humanos. Caso de los Buzos Miskitos (Lemoth Morris y otros) *vs.* Honduras. Sentencia de 31 de agosto de 2021.

Análisis crítico al amparo directo 78/2012

A mis estudiantes de derecho: los que fueron,
los que son, y los que serán.

Sumario

I. Introducción

El día 20 de octubre de 2007 en el «Instituto Salesiano Carlos Gómez» de la ciudad de San Luis Potosí, una joven estudiante de apenas 16 años fue atacada sexualmente y privada de la vida, encontrándose su cuerpo en el salón de usos múltiples dentro del propio instituto el día lunes siguiente al día en que ocurrió el delito, es decir, el 22 de octubre.

Por el hallazgo realizado, las autoridades efectuaron diversas investigaciones y diligencias en torno a los hechos; acusando a un sacerdote del instituto salesiano como probable responsable de los delitos de homicidio, violación y secuestro. Al respecto, el órgano jurisdiccional penal primario el día 22 de noviembre del año 2011 condenó al sacerdote únicamente por los delitos de violación y homicidio calificado, imponiendo una pena de prisión de 33 años y 6 meses, así como una sanción pecuniaria por el monto de $26,180.00 M.N., y además se condenó al sentenciado a cubrir el monto de $138,992.00 M.N. como pago de reparación del daño.[68]

Contra la determinación de la jueza de primera instancia, el sentenciado presentó recurso de apelación ante el Tribunal de Alzada, quien el día 6 de marzo de 2012 dictó sentencia que confirma la condena al encontrar responsable al recurrente de los delitos por los que se le procesó.

Inconforme con el resultado de la sentencia de la segunda instancia, el clérigo salesiano inculpado presentó amparo directo, mismo que frente al nuevo paradigma que trajo la reforma

68 Foja 44, último párrafo de la sentencia de amparo en estudio.

constitucional en materia de derechos humanos[69] revistió de características excepcionales, razón por la cual la Suprema Corte de Justicia de la Nación decidió ejercer su facultad de atracción para resolver el amparo directo con el expediente 78/2012, turnado a la ponencia del ministro Arturo Zaldívar Lelo de Larrea, cuyo proyecto consistía en otorgar el amparo y absolver al quejoso, situación que finalmente aconteció.

Dentro de este prolegómeno, es importante referir que, en la emisión de la sentencia, de la apelación y del amparo directo, las decisiones de los órganos jurisdiccionales versaron en el análisis de pruebas circunstanciales que partieron de distintos indicios para condenar en un primer y segundo momento procesal, y posteriormente para absolver al quejoso en el juicio constitucional.

Ahora bien, una vez establecido el marco procesal en sus distintas etapas, con sus respectivas consecuencias, se procede a establecer la metodología del trabajo que se realiza en torno al amparo directo 78/2012.

Este análisis crítico se dividirá en tres subtemas: el primero, el rechazo de la Primera Sala para analizar la posible existencia de violaciones a las formalidades esenciales del procedimiento; el segundo, la técnica empleada para resolver el amparo a la luz de una falta de exhaustividad al momento de emitir la sentencia; y, tercero, la forma en cómo se estructuró el fallo.

69 Decreto publicado el 10 de junio de 2011, en la edición matutina del Diario Oficial de la Federación.

II. El análisis crítico a la sentencia del amparo directo 78/2012

II.1. Las formalidades esenciales del procedimiento

Comenzando el estudio de fondo sobre la *litis*, la Sala Constitucional en el capítulo VIII[70] ya nos advierte, de forma un tanto escueta, que no se realizará un estudio sobre las posibles violaciones a las formalidades esenciales del procedimiento que se hubieran suscitado en contra del inculpado quejoso. Esto —sostiene la Sala de la Corte— debido a que tal estudio no le otorgará mayor protección que el análisis a las constancias que integran el juicio, las cuales tratan sobre una insuficiencia probatoria que acredite plenamente la responsabilidad penal del quejoso.

A mi juicio, esta primera decisión que toma la Corte me parece criticable en razón de lo siguiente:

La Primera Sala parece realizar una especie de ponderación axiológica entre la prueba circunstancial y los indicios precarios que llevaron a la condena del quejoso, y el derecho al debido proceso legal, del cual se desprenden las formalidades esenciales del procedimiento, refiriendo que el análisis de las posibles violaciones formales del procedimiento no le concedería mayor protección al quejoso que el estudio de los elementos probatorios que conforman las constancias del expediente del amparo.

70 Pág. 67, del amparo directo 78/2012.

Desde mi perspectiva, esto es criticable bajo dos cuestiones. La primera: analizar los indicios de la prueba circunstancial supone escudriñar la legalidad probatoria de los medios de convicción de los órganos jurisdiccionales que emitieron las sentencias de primera y segunda instancia.

Si bien es cierto que las probanzas en un proceso judicial se encuentran interrelacionadas con los principios *pro homine*, *in dubio pro reo* y presunción de inocencia, me parece que su núcleo esencial se halla muchísimo más cercano, y dentro, del derecho humano al debido proceso legal, del cual se originan las formalidades esenciales del procedimiento, habiendo incluso un mayor desarrollo jurisprudencial y doctrinal al respecto.

Por lo que hace a la segunda cuestión, pareciera que la Suprema Corte elude el estudio de las posibles violaciones a las formalidades esenciales del procedimiento bajo el argumento de que este estudio no le podría conceder mayor beneficio al quejoso.

Prima facie, creo que el optar por analizar las violaciones a las formalidades esenciales del procedimiento también habrían logrado alcanzar el umbral jurídico suficiente para conceder la protección constitucional. La tesis jurisprudencial P./J. 47/95,[71] es en extremo clara al estatuir los requisitos que deben cubrirse para satisfacer las formalidades esenciales del procedimiento, luego

71 **Formalidades esenciales del procedimiento. Son las que garantizan una adecuada y oportuna defensa previa al acto privativo**. La garantía de audiencia establecida por el artículo 14 constitucional consiste en otorgar al gobernado la oportunidad de defensa previamente al acto privativo de la vida, libertad, propiedad, posesiones o derechos, y su debido respeto impone a las autoridades, entre otras obligaciones, la de que en el juicio que se siga "se cumplan las formalidades esenciales del procedimiento". Estas son las que resultan necesarias para garantizar la defensa adecuada antes del acto de privación y que, de manera genérica, se traducen en los siguientes requisitos: 1) La notificación del inicio del procedimiento y sus consecuencias; **2) La oportunidad de ofrecer y desahogar las pruebas en que se finque la defensa;** 3) La oportunidad de alegar; y 4) El dictado de una resolución que dirima las cuestiones debatidas. De no respetarse estos requisitos, se dejaría de cumplir con el fin de la garantía de audiencia, que es evitar la indefensión del afectado [El realce es añadido].

Registro digital 200234. Fuente: Semanario Judicial de la Federación y su Gaceta. Tomo II, diciembre de 1995, página 133.

entonces, si el segundo requisito habla sobre la oportunidad de ofrecer y desahogar las pruebas en que se finque la defensa, considero que existe una mucha mayor relación entre el derecho humano al debido proceso legal con la prueba circunstancial que el estudio que hace la Primera Sala con relación a los principios *pro persona, in dubio pro reo* y presunción de inocencia.

Bajo este enfoque, la jurisprudencia en su vertiente interpretativa, no puede limitarse solamente al ofrecimiento y desahogo de pruebas, sino también a su valoración objetiva y razonable por parte del órgano jurisdiccional. Es decir, «tanto el juez ordinario como el constitucional deben motivar racionalmente [...] sus decisiones y presentarlas "como la mejor práctica"».[72] A mi parecer, no existe una motivación suficiente y racional para que la Sala de la Suprema Corte dejara de lado el estudio de la violación a las formalidades esenciales del procedimiento.

Quizá, en efecto, como se dice en la sentencia, el estudio de las violaciones esenciales del procedimiento no le hubiera concedido mayor protección —argumento que no comparto—, pero sí habría robustecido significativamente la *ratio decidendi* en la sentencia concesoria del amparo e, incluso, me atrevo a inferir que sus efectos habrían permeado y dotado de un mayor contenido el derecho humano al debido proceso legal, junto con los principios constitucionales en que se sustentó la sentencia, logrando un efecto integrador de transversalidad.

Así, la interacción entre los tres principios constitucionales aludidos y el derecho al debido proceso legal conformaría un núcleo duro que obligaría a las autoridades ministeriales y jurisdiccionales, tanto locales como federales, a focalizar con mayor esmero, técnica y congruencia sus labores en relación con la prueba circunstancial y su relación intrínseca con el derecho

---

72 Luis Prieto Sanchís, «Notas sobre la interpretación constitucional», p. 178, citado por Comanducci, Paolo. Modelos e Interpretación de la Constitución. [coord.] Miguel Carbonell. *Neoconstitucionalismo*. Ciudad de México: Centro de Estudios Jurídicos Carbonell, A. C., 2017, pág. 86.

humano al debido proceso legal, las formalidades esenciales del procedimiento y el derecho a la prueba.

Permítaseme la insistencia: no encuentro razones argumentativas suficientes para concurrir con la decisión que tomó la Corte al no analizar las violaciones a las formalidades esenciales del procedimiento y ceñirse exclusivamente al estudio de la prueba circunstancial y los indicios. Si bien la sentencia se resuelve aplicando la Ley de amparo anterior al año 2013 —la cual no contenía el principio de mayor beneficio—, la sentencia sí hace referencia de manera matizada a dicho principio dentro del juicio de amparo.

Haber analizado las pruebas periciales ofrecidas por la parte quejosa y que no fueron valoradas por el órgano revisor de segunda instancia habría dado una muestra clara de una violación explícita al derecho a la prueba y, por ende, al segundo requisito que estableció el Alto Tribunal sobre las formalidades esenciales del procedimiento.

II.2. La técnica empleada para resolver el amparo y la ausencia de exhaustividad en la emisión del fallo

Como un segundo punto de este análisis crítico, considero que la técnica empleada por la Sala de la Corte adujo una falla en la empleabilidad del método para resolver el amparo.

Al respecto, cabe señalar y recordar que la Suprema Corte de Justicia de la Nación, para resolver el amparo 78/2012, ejerció su facultad de atracción y reasumió su competencia originaria. En este sentido, sobra decir que el análisis del asunto, al no tratarse de un amparo directo en revisión, tendría forzosa y necesariamente que pronunciarse en dos sentidos: el primero, por aspectos de legalidad, de los cuales se hacen cargo los tribunales colegiados de circuito; y el segundo, sobre cuestiones directas de constitucionalidad, tarea primordial del tribunal constitucional.

En este punto, creo que la sentencia del amparo se circunscribe exclusivamente a un análisis de la prueba circunstancial y del material indiciario valorado por los órganos jurisdiccionales de primera y segunda instancia. No obstante, al revestirse el análisis, centralizado en la prueba circunstancial, de un enfoque de legalidad, el estudio del caso también debió contrastar las pruebas aportadas por la defensa y darles el valor probatorio merecido. Es decir, si bien la *ratio decidendi* del juzgado y del tribunal de alzada fue trazada a partir de indicios y prueba circunstancial, lo cierto es que también existió otro tipo de material probatorio pericial, como el de psicología forense, el cual se menciona, pero no se valora en el juicio constitucional.

Una confronta directa entre la prueba psicológica realizada al quejoso y la ofrecida por la representación social, contra las pruebas psicológicas también realizadas al quejoso pero ofertadas por la defensa, habría logrado sentar un estándar de prueba lo suficientemente elevado para apreciar con mayor peso que la valoración del Tribunal de Alzada fue incorrecta, considerándose incluso que se violentó el derecho a la prueba y el de presunción de inocencia, al no encontrarse su decisión suficientemente motivada con un grado mínimo de razonabilidad.

Por otra parte, la Sala Constitucional se encontraba obligada a efectuar el análisis integral del expediente en su conjunto para agotar el principio de exhaustividad, puesto que, al haber reasumido su competencia originaria, el fallo constitucional debía necesariamente tener dos vertientes: la de legalidad y la de constitucionalidad. Hay que recordar que el asunto se trató de un amparo directo, no de un amparo directo en revisión.

De esta manera, no hay claridad en qué momento se analizó el asunto bajo un crisol de legalidad y cuándo de constitucionalidad. Es cierto que, de la lectura del amparo, se puede inferir en qué momento se aborda un tema y en qué momento se analiza el otro. No obstante, a mi parecer, existen pocos elementos de análisis de constitucionalidad, y el desarrollo de la sentencia se torna, más que nada, sobre aspectos de legalidad procesal.

Hubiera sido deseable —se ofrece una disculpa por la insistencia— también analizar las violaciones a las formalidades esenciales del procedimiento, pues, justamente a partir de ese derecho nuclear, se habría podido dotar del estudio necesario para que la sentencia tuviera cuestiones de constitucionalidad, más allá de la enunciación de los principios *pro persona, in dubio pro reo* y presunción de inocencia en la parte final de la sentencia de amparo.

II.3. La estructuración de la sentencia en el amparo directo 78/2012

Este punto de análisis tiende a cuestiones meramente subjetivas y de apreciación. Llama poderosamente la atención la forma en cómo el ministro Zaldívar estructuró la sentencia en el amparo cuyo análisis crítico ahora nos ocupa.

Primero que nada, pienso que el derecho al tratarse de una ciencia —aunque se trate de una ciencia fáctica— debe siempre emplear algún método disponible tanto para su estudio como para la resolución de los asuntos que requieran la intervención de una autoridad. Luego entonces, las sentencias desde épocas remotas siempre se han caracterizado por contener una estructura que atiende a la lógica.

De esta estructura, la ley de amparo abrogada ni la vigente se ocupan, simplemente guían al órgano jurisdiccional sobre lo que debe realizar y lo que la sentencia debe contener. No obstante, a través de una regla no escrita, la estructuración de una sentencia siempre se analiza a la luz de un método lógico que puede ser inductivo o deductivo, sirviéndose los órganos jurisdiccionales sobre todo del segundo. Para el doctor Roberto Lara Chagoyán, las sentencias deben tener un principio de coherencia interna; es decir, que:

> La estructura de la sentencia siga una línea conductora sencilla y ordenada que permita al lector entender básicamente tres partes: el planteamiento del problema; el desarrollo argumentativo [razones a favor y en contra de cada una de las pretensiones] y la solución final del conflicto con su motivación correspondiente.[73]

Ahora bien, en el amparo directo 78/2012 apenas al entrar a la lectura del capítulo X, «Análisis de la responsabilidad del quejoso»,[74] se nos informa inmediatamente que la sentencia es en favor del quejoso y que por lo tanto se ordenará su inmediata puesta en libertad, para después la sentencia desarrollar las razones por las que se falla en el sentido en que lo hace.

Si bien es cierto que no existe una regla escrita sobre la estructuración de las sentencias, creo primordial respetar el orden lógico que debe prevalecer en la construcción argumentativa y comunicativa que debe tener cualquier sentencia.

A mi parecer, es un error de metodización esta técnica de estructuración en la sentencia, pues una metodología *ius* científica debe respetar los parámetros mínimos que primen la lógica para llegar a una inferencia conclusiva después de haber analizado exhaustivamente los presupuestos de la *litis* de manera aislada, primero, y de forma conjunta, en un segundo paso.

Es obvio que el ministro ponente y su secretario de estudio y cuenta, antes de comenzar a elaborar el proyecto de sentencia, ya analizaron todas las constancias del expediente para, de ahí, partir sobre la base que tendrá el sentido del fallo. Sin embargo, las propias autoridades responsables, el quejoso y los terceros interesados, o quien quiera leer la sentencia, solamente sabrá en qué sentido se emitió al leer los puntos resolutivos; pero la

---

73 Lara Chagoyán, Roberto. *Sobre la Estructura de las Sentencias en México: Una Visión Crítica y una Propuesta Factible.* Instituto de Investigaciones Jurídicas, Universidad Nacional Autónoma de México. s. l.: Instituto de Investigaciones Jurídicas. pág. 17.

74 Página 72 de la sentencia.

parte interesante se halla en las consideraciones o argumentos de fondo.

Así, siguiendo un método ordenado y lógico, la sentencia, hasta después de haber elaborado los considerandos y estudiado las constancias, conceptos de violación y la confronta o contraste entre los medios de convicción, es que llega a la conclusión de conceder o no el amparo, pues es la connatural conclusión a la que se arriba después de haberse aplicado el método lógico-deductivo.

En la sentencia que ahora se analiza y se critica bajo un estándar de máximo respeto, pareciera que se intenta aplicar un modelo de inducción y deducción al mismo tiempo; ya que de lo general avanza hacia lo particular, para posteriormente adoptar una especie de modelo inductivo imperfecto e incompleto[75] al decirnos a mitad de la sentencia que se concede el amparo páginas antes de llegar al estudio de fondo del juicio.

75 Mans Puigarnau, Jaime M. Citado por Trejo Orduña, José Juan. *La Sentencia Lógica Jurídica*. Universidad Nacional Autónoma de México. s. l.: Instituto de Investigaciones Jurídicas. pág. 7.

III. Conclusiones

Sin lugar a dudas, la sentencia del amparo directo 78/2012 constituye un baluarte importante dentro de la doctrina de la Suprema Corte de Justicia de la Nación dentro del derecho procesal penal, pues estableció importantes estándares para la correcta y objetiva valoración y construcción de la prueba circunstancial, así como de las directrices que deben observarse para la preservación de la cadena de custodia. No por nada derivado de esta sentencia se emitieron quince tesis[76] aisladas con diversos rubros y contenidos que abrevaron importantes ejes para la conducción y resolución de casos símiles.

Sin embargo, a juicio del autor de este análisis crítico, no es baladí que se haya omitido analizar las violaciones a las formalidades del procedimiento. La Primera Sala de la Suprema Corte de Justicia de la Nación dejó pasar una valiosa oportunidad para atrincherar y afianzar aún más la interrelación e interdependencia de principios y derechos fundamentales conculcados en el caso resuelto.

Pregunta hipotética: ¿cuál habría sido el resultado si la Primera Sala, además de analizar la prueba circunstancial, también hubiera sometido a escrutinio las violaciones a las formalidades esenciales del procedimiento? Creo que se habría logrado superar aún más el umbral para conceder el amparo con una densidad argumentativa construida no solo a partir del estudio de los indicios, sino también desde las pruebas mal valoradas por parte de las autoridades responsables, que no constituyeron

76 Criterios con los siguientes números de registro digital: 2004653, 2004654, 2004655, 2004692, 2004701, 2004741, 2004753, 2004754, 2004755, 2004756, 2004757, 2004758, 2004759, 2004760, 2008937.

otra cosa que una violación frontal y directa al requisito de tener por ofrecidas, desahogadas y correctamente valoradas las pruebas presentadas por la defensa del quejoso, así como las irregularidades, en este mismo sentido probatorio, en que incurrió la representación social.

Si la Primera Sala, además de analizar la prueba circunstancial, también se hubiera abocado al estudio de las violaciones a las formalidades esenciales del procedimiento, el efecto integrador de los principios *pro persona, in dubio pro reo* y presunción de inocencia con el derecho humano al debido proceso legal se habría visto dotado de un contenido que, además de ser más amplio, sustantivo y denso, estaría también reforzado.

Asimismo, la técnica empleada por la Corte provoca un atisbo de falta de exhaustividad, ya que, al tratarse no de un amparo directo en revisión, sino de un amparo directo, se tendría que haber analizado el asunto bajo dos enfoques: el de legalidad y el de constitucionalidad en sentido estricto, pero en una dimensión mucho más amplia de lo que lo hizo la Corte, y que tiene relación con lo señalado en el párrafo anterior.

Si bien la sentencia contiene los elementos que la Ley de amparo abrogada contemplaba en su artículo 77, parece que el estilo y la estructura que se emplearon no atienden a una lógica bien definida, sino a una especie de hibridación entre modelos lógicos de sentencia inductivos y deductivos. Creo que la sentencia maneja un lenguaje sencillo, claro y puntual, sin tecnicismos que no resultan necesarios. No obstante, considero importante cuidar la estructura y lógica de la sentencia, atendiendo con minucia a un modelo —sea el que se elija— determinado y coherente, dejando para el final la conclusión a la cual se arribará, con independencia del resultado, ya sea que conceda la protección constitucional o, por otro lado, que la niegue; pero sí es de importancia darle coherencia y uniformidad a la estructura del fallo.

La sentencia definitivamente tiene un matiz paradigmático sobre la prueba circunstancial y somete este tipo de prueba a un control de una mayor exigencia a la hora de realizar la construcción argumentativa y racional que deben ejecutar las y los jueces cuando estén en presencia de asuntos que tengan este medio probatorio; de aquí radica su gran valía y nos recuerda las recientes y sabias palabras del ilustre profesor Luigi Ferrajoli que invitan a la reflexión: «El estándar de prueba me recuerda a una tarifa legal. No puede existir ningún estándar. No es suficiente un grado positivo de probabilidad. Para condenar no debe haber ninguna duda sobre la culpabilidad».[77]

77 Ferrajoli, Luigi. Citado por García Amado, Juan Antonio [@JuanAGAmador] (2023, 29 de marzo, 14:33 hrs). [Tweet] X. https://onx.la/f5fed

IV. Fuentes de consulta y referencias

1. Comanducci, Paolo. Modelos e Interpretación de la Constitución. [coord.] Miguel Carbonell. *Neoconstitucionalismo.* Ciudad de México: Centro de Estudios Jurídicos Carbonell, A. C., 2017.
2. Lara Chagoyán, Roberto. *Sobre la Estructura de las Sentencias en México: Una Visión Crítica y una Propuesta Factible.* Instituto de Investigaciones Jurídicas, Universidad Nacional Autónoma de México. s. l.: Instituto de Investigaciones Jurídicas.
3. Trejo Orduña, José Juan. *La Sentencia Lógica Jurídica.* Universidad Nacional Autónoma de México. s. l.: Instituto de Investigaciones Jurídicas. pág.
4. Tesis: P./J. 47/95. Fuente: Semanario Judicial de la Federación y su Gaceta. Tomo II, Diciembre de 1995, página 133.
5. García Amando, Juan Antonio. Tweet del 29 de marzo de 2023, 14:33 hrs.

Ensayo crítico a la contradicción de tesis 351/2014

A las y los valientes jueces, magistrados y ministros del Poder Judicial Federal, por su heroica defensa de la Constitución, de la división de poderes, de la república, y la independencia judicial.

Sumario

I. Introducción

El día viernes 11 de febrero de 2022, fue publicada en el Semanario Judicial de la Federación la tesis jurisprudencial P./J. 2/2022 (11a.),[78] que derivó de la sentencia del Tribunal Pleno de la Suprema Corte de Justicia de la Nación, en la cual se resolvió la contradicción de criterios [antes contradicción de tesis] 351/2014.

La contradicción de tesis denunciada tuvo como eje de estudio y resolución las conclusiones opuestas a las que llegaron diversos Tribunales Colegiados de Circuito[79] al resolver asuntos sometidos a su potestad. A saber, la discrepancia de los criterios discordantes de los órganos jurisdiccionales contendientes se estatuyó respecto a la siguiente pregunta que el Pleno de la Suprema Corte se hizo:

> ¿Pueden los tribunales del Poder Judicial de la Federación realizar control de convencionalidad *ex officio* sobre todas las disposiciones normativas que conocen, tanto las procesales que rigen su actuación [Ley de amparo, Ley Orgánica del Poder Judicial de la Federación y Código Federal de Procedimientos Civiles, fundamentalmente], como cualesquiera otras aplicadas en los actos reclamados (substantivas o procesales); o únicamente sobre las

78 Con rubro «Control de regularidad constitucional. Contenido y alcance del deber de los órganos jurisdiccionales del poder judicial de la federación de realizarlo al conocer juicios de amparo directo e indirecto [abandono de las tesis aisladas P. IX/2015 (10a.) y P. X/2015 (10a.)]».

79 Más específicamente el Primer Tribunal Colegiado de Circuito del Centro Auxiliar de la Octava Región; el Tercer Tribunal Colegiado en Materia Administrativa del Cuarto Circuito; y el Tercer Tribunal Colegiado en Materias Civil y de Trabajo del Décimo Séptimo Circuito.

normas procesales que aplican en el ámbito de sus competencias y procedimientos [Ley de amparo, etc.]?[80]

Delimitada la *litis* sobre la cual versó el fondo del asunto, toca ahora señalar que la metodología que se empleará para ensayar críticamente la contradicción de tesis 351/2014 se subdividirá en la siguiente temática: a) el criterio del Tercer Tribunal Colegiado en Materia Administrativa del Cuarto Circuito; b) el control de constitucionalidad como control de convencionalidad; c) sobre el principio de seguridad jurídica; y d) la técnica reiterativa aplicada en la sentencia.

80 Párr. 107 de la sentencia en su foja 59.

II. Ensayo crítico a la contradicción de tesis 351/2014

II.1. El criterio del Tercer Tribunal Colegiado en Materia Administrativa del Cuarto Circuito

Al resolver los amparos en revisión 498/2011 y 136/2012, el Tercer Tribunal Colegiado en Materia Administrativa del Cuarto Circuito llega a dos conclusiones —que son parte nuclear de la contradicción— interesantes: la primera de ellas es que «... todas las autoridades del Estado Mexicano tienen la obligación de realizar control de convencionalidad *ex officio* no solo respecto de normas generales, sino también de cualquier **actuación u omisión** del Estado: **actos y hechos**»;[81] y la segunda, «... a que **todos los jueces deben realizar el control de convencionalidad**».[82]

Estos criterios, a mi consideración, son de los más relevantes, sobre todo el primero, ya que el Tribunal Colegiado, con su determinación, me parece que hace el reconocimiento de que los controles de convencionalidad y constitucionalidad no pueden ni deben limitarse únicamente a normas sustantivas o adjetivas, sino que también deben alcanzar cualquier actuación u omisión del Estado, tanto en sus actos como en los hechos.

En este sentido, cuando el Pleno de la Suprema Corte emite su fallo en los términos en que lo hace, con todo y el importante avance que supone el precedente, desaprovecha una valiosa

81 Párr. 88 de la sentencia en su foja 51.

82 *Ibid.* El realce es propio.

oportunidad para potenciar la protección de los derechos fundamentales y la prevención de la violación a los mismos.

Si bien es cierto que existen normas que, al ser autoaplicativas, resultan *per se* inconstitucionales e inconvencionales, no menos cierto es que la mayor parte de las violaciones a los derechos humanos se generan a partir de la aplicación de las normas, y no tanto porque estas sean contrarias a la Constitución o a tratados internacionales, sino porque el acto y el hecho de la autoridad son los que infringen los derechos sustantivos de las personas; lo cual reconoce el Tribunal Colegiado cuando resuelve el amparo en revisión 498/2011, y frente a la identificación de ese problema intenta dar una respuesta al respecto con la emisión de su propio fallo.

En palabras de la propia sentencia emitida por la Suprema Corte: si las normas sustantivas o procesales aplicadas en el acto reclamado no pueden escapar del radio de control de constitucionalidad y convencionalidad, mucho menos podrían hacerlo los actos y hechos que realizan las autoridades en el ejercicio de sus funciones, atribuciones y facultades, cuando estas constituyan violaciones a los derechos humanos y a sus garantías.

De esta manera, se crítica que, hasta cierto punto, la Corte con su sentencia invisibiliza que los actos y hechos de las autoridades violentan con mayor frecuencia e intensidad los derechos fundamentales de las personas. Lo deseable es que se hubiese retomado el criterio del Tribunal Colegiado de Circuito y se disciplinaran también los actos y hechos de las autoridades. Adminicula esta afirmación lo expuesto por Luis Prieto Sanchís cuando dice que

> los derechos fundamentales [...] exhiben una extraordinaria fuerza expansiva que inunda, impregna o irradia sobre el conjunto del sistema; ya no disciplinan únicamente determinadas esferas públicas de relación entre el individuo y el poder, sino que se hacen operativos en

> todo tipo de relaciones jurídicas, de manera que bien puede decirse que no hay problema medianamente serio que no encuentre respuesta o, cuando menos, orientación de sentido en la Constitución y en sus derechos.[83]

Finalmente, el control *ex officio* debe realizarse siempre por mandato constitucional, no depende de condiciones que se tengan que dar para realizarlo.[84]

II.2. El control de constitucionalidad como control de convencionalidad

Desde la sentencia del expediente Varios 912/2010, la Suprema Corte de Justicia de la Nación ha venido desarrollando doctrina jurisprudencial para dotar de contenido y expresión a los controles de constitucionalidad y de convencionalidad claramente diferenciados. Respecto a este punto y específicamente en la sentencia materia de este ensayo, llama mucho la atención la técnica empleada por la Corte en la referencia al pie de página número veinticinco, cuando nos dice, de manera sucinta, que siempre que se aluda al control de constitucionalidad, se está refiriendo tanto a control del parámetro de la constitución como del control de convencionalidad.[85]

A mi juicio, esta expresión aunque correcta para efectos de no ser reiterativa durante el desarrollo de la sentencia, invita —sin proponérselo— a dejar de utilizar el término de control de convencionalidad, lo que desde mi perspectiva podría generar algunos inconvenientes que a continuación señalo:

---

83 Prieto Sanchís, Luis. El Constitucionalismo de los Derechos. [coord.] Miguel Carbonell. *Neoconstitucionalismo*. Ciudad de México: Centro de Estudios Jurídicos Carbonell, A. C., 2017, pág. 131.

84 Esto viene a colación por lo dicho en la sentencia en el párrafo 241, foja 125.

85 Véase la nota al pie de página 25, foja 59 de la sentencia.

Primero, aunque no es incorrecto sí es prematuro comenzar a hablar de un control de constitucionalidad que a su vez es también control de convencionalidad. Esto en razón de que el nacimiento, desarrollo y aplicación del control de convencionalidad se encuentra cimentado de una manera profunda en los ámbitos académicos y jurisdiccionales.[86] No es posible, desde mi punto de vista, con una cita al pie de página remover por completo un concepto y una herramienta jurídica que han integrado «Sergio García Ramírez y Eduardo Ferrer Mac-Gregor. El primero creó una aproximación teórica, y el segundo delimitó y sistematizó con metodología sus contenidos y alcances».[87]

El segundo inconveniente radica sustancialmente en que emplear el vocablo «control de constitucionalidad» para referirse también al control de convencionalidad supondría reeducar al gremio jurídico, citar la referencia de la sentencia y explicar las razones del porqué referirse al primer control es también hablar del segundo.

No es que sea imposible o poco valioso tener que citar el precedente [es obligatorio, de hecho]; el problema radica fundamentalmente en que, para efectos prácticos en la academia y en el litigio, se considera más oportuno continuar escindiendo los controles, a efecto de no confundir a las y los educandos, a la contraparte ni al órgano jurisdiccional ante el cual se tenga que acudir para dirimir una controversia. De esta misma forma, asumir ambos controles como uno desnaturalizaría la idea original de control de convencionalidad, entendido este como «una

86 P. ej. la jurisprudencia 1a./J. 84/2022 (11a.), que lleva por rubro «Control de constitucionalidad y convencionalidad *ex officio*. Metodología para realizarlo». Esta sentencia, por ejemplo, fue posterior a la contradicción de criterios 351/2014, y establece claramente la diferencia entre ambos tipos de controles.

87 Carbonell, Miguel y Caballero González, Edgar S. *Convención Americana de Derechos Humanos con Jurisprudencia*. Ciudad de México: Centro de Estudios Jurídicos Carbonell, A. C., 2018. pág. XXIX.

labor sustancialmente jurisdiccional que se encuentra a cargo del Tribunal Interamericano».[88]

II.3. Sobre el principio de seguridad jurídica

En la sentencia de la contradicción de tesis 351/2014, el Pleno de la Suprema Corte de Justicia de la Nación hace un estudio sobre la seguridad jurídica[89] y concluye que esta es un valor instrumental y que no tiene un carácter absoluto, susceptible entonces de modularse en aras de satisfacer otros bienes y valores como la libertad, la dignidad y la igualdad. Respecto a esta afirmación, su eco es poco afortunado y respetuosamente no se comparte, pues a mi juicio la seguridad jurídica no es subyacente a la igualdad, sino que, por el contrario, está a la par y en su interacción la complementa y maximiza.

En la sentencia, la Corte trata y proyecta a la seguridad jurídica de forma tal como si fuera únicamente un principio,[90] llamado principio de legalidad cuando en realidad la seguridad jurídica tradicionalmente vista como un principio «ha adoptado la forma externa de un derecho»,[91] un derecho humano. A continuación se ensaya la explicación del disenso:

Primeramente, hay que reafirmar que «el principio de legalidad es uno de los pilares, junto a la división de poderes, en que se sustenta la organización del poder público».[92] Desde mi punto de vista, existen tres formas en que la seguridad jurídica se manifiesta: (i) como un derecho humano, (ii) como un metamandato

88 Ramos Vázquez, Eréndira Nohemí. *La Doctrina del Control de Convencionalidad.* Ciudad de México: Porrúa, 2021. pág. 39.

89 Párrafos 209 a 219 de la sentencia, fojas 111 a 114.

90 Los principios en este ensayo deben entenderse a la luz del modelo ideado por Robert Alexy en su obra Teoría de la Argumentación Jurídica, editorial Palestra, pág. 459.

91 *Cfr.* Prieto Sanchís, *op. Cit.* 159.

92 García Morales, Verónica Yasmín. Principio de Legalidad en el Derecho Administrativo Sancionador. [coords.] Manuel Jiménez Dorantes y Oswaldo Chacón Rojas. *Derecho Administrativo Sancionador. Algunas Miradas desde sus Principios* Ciudad de México: Tirant lo Blanch, 2021, pág. 43.

constitucional dirigido a las autoridades públicas, y (iii) como un principio que rige normas subconstitucionales.

La seguridad jurídica, como derecho humano, se concibe en el entendido de que ha dejado de ser un mero principio para situarse de lleno como un auténtico derecho fundamental, ubicado en el vórtice de la mayor jerarquía normativa, al estatuirse más allá de un mandato de optimización que depende de posibilidades fácticas. La seguridad jurídica, analizada desde un enfoque constitucional, se erige como un *plexo* en que la certeza ya no solamente permea en el derecho, sino que su efecto ilumina e informa a todo el sistema jurídico, visto este como un universo en donde los sistemas normativos serían sus galaxias.

Por lo tanto, la seguridad jurídica no depende formal ni materialmente de cuestiones fácticas, y tampoco su grado de realización deberá ser lo más alto posible, sino que debe lograrse plenamente. Entender a la seguridad jurídica como un principio equivaldría a considerar la posibilidad de que la retroactividad de la ley en perjuicio de alguien podría modularse, o que un acto de molestia carente de fundamentación o motivación fuera susceptible de ser aceptado debido a las circunstancias particulares en que fue emitido.

Identificar a la seguridad jurídica más como derecho humano que como un principio vendría a suponer una nueva forma de concebir al constitucionalismo de los derechos y el efecto que tiene la positivización plena de los mismos y su total reconocimiento.

La seguridad jurídica como metamandato constitucional se debe entender como un mandamiento dirigido al poder público que no admite posibilidad fáctica de cumplimiento, sino que este debe ser totalmente pleno y completo; además de comportar una peculiar característica, pues en nuestro sistema jurídico la seguridad jurídica es fluctuante entre los artículos 14 y 16 de la Constitución como un estamento que «configura, ordena y racionaliza el poder público [...] para la defensa de la libertad

[...] en el marco del Estado social y democrático de derecho tiene como presupuesto necesario, más allá de la igualdad formal, la igualdad material».[93]

Esta hipótesis de entendimiento de la seguridad jurídica como un metamandato fluctuante entre los artículos 14 y 16 de nuestra ley fundamental, se basa principalmente en que «las autoridades solo pueden hacer lo que la ley les permite»,[94] y en ese entendido las personas sabemos lo que el poder público puede o no puede hacer. Así, continuar entendiendo y tratando a la seguridad jurídica como un mero principio restaría valor a las órdenes dadas por la *lex superior,* y tendríamos que aceptar que los actos de la autoridad pueden admitir grados o intensidades en el cumplimiento de los mandatos constitucionales.

La seguridad jurídica como un principio que rige normas subconstitucionales se debe explicar a la luz de que

> ... la constitución se sitúa en el vértice de la jerarquía de fuentes y, además, modifica cualitativamente esa jerarquía, [...] la constitución informa por sí misma a todo el sistema: por ejemplo, toda la legislación es entendida como actuación de la constitución y se interpreta a la luz de la constitución.[95]

De esta forma, es que en este supuesto sí es posible afirmar y admitir que la seguridad jurídica se manifiesta como un principio en tratándose de leyes o normas generales, ya que si bien es cierto toda ley y toda norma general goza de una presunción de constitucionalidad, al final de cuentas su grado de conformidad constitucional y convencional depende de que se satisfagan

93 García Morales, *op. Cit.* 61.

94 Jurisprudencia con registro digital 917621. Fuente: Apéndice 2000. Tomo VI, Común, Jurisprudencia SCJN, página 69.

95 Comanducci, Paolo. Modelos e interpretación de la Constitución. [coord.] Miguel Carbonell. *Neoconstitucionalismo.* Ciudad de México: Centro de Estudios Jurídicos Carbonell, A. C., 2017, pág. 73.

los siguientes dos requisitos: el primero referente a que estén presentes los principios de *lege promulgata; lege manifiesta; lege plena; lege stricta; lege previa; y lege perpetua;*[96] y el segundo, que los jueces constitucionales al someter las leyes o normas en general a algún tipo de examen[97] las encuentren compatibles con los ordenamientos de orden superior llámense Constitución o tratados internacionales.

Ergo, en este caso es admisible continuar refiriéndonos a la seguridad jurídica con un principio, en tanto que las leyes y normas están sometidas al parámetro de control de regularidad constitucional que ejercen los jueces constitucionales y ordinarios, ya sea que invaliden la norma o simplemente la inapliquen, es decir, son coincidentes las posibilidades de *iure* y de *facto.*

II.4. La técnica reiterativa aplicada en la sentencia

Esta parte del ensayo crítico será extremadamente breve y no se relaciona con alguna cuestión de fondo, sino con la forma, que me parece no es *peccata minuta*, sino un aspecto muy importante a cuidar.

Quizá se abusa de la sinceridad cuando se afirma que la sentencia, en algunas partes, llega a ser *ad nauseam* por cuanto a que reitera de forma sistemática lo que ya se había dicho anteriormente. Por ejemplo, los párrafos 109, 126, 129, 132, 133 y 156 de la sentencia explican, una y otra vez, los efectos que tuvo el expediente Varios 912/2010 en la concepción del control de convencionalidad *ex officio*, y el criterio fijado por la Corte.

Desde luego, la explicación tiene su valía, pero no se estima idónea ni necesaria su excesiva reiteración; lo mismo ocurre al citar el criterio sostenido por el Tribunal Constitucional cuando

---

96 *Vid.* Carbonell, Miguel. *El Debido Proceso en México. Análisis de los Artículos 14 y 16 Constitucionales*. Ciudad de México: Tirant lo Blanch, 2019. págs. 28-30.

97 P. ej. interpretación conforme, test de proporcionalidad o test de escrutinio estricto, por citar algunos.

resolvió el amparo directo en revisión 1046/2012, del cual se habla en los párrafos 124, 127, 128, 150, 177, 181, 184 y 207. Esto es solo por hacer algunas alusiones; la sentencia está llena de reiteraciones que, a mi juicio, son innecesarias.

Esta técnica de elaboración de la sentencia de carácter tradicionalista me parece que ya no es operante ni articula alguna justificación que comporte la necesidad de hacer mención sobre un mismo asunto, tema o figura jurídica una y otra vez. Al respecto, las sentencias —independientemente de su tipo— deben elaborarse y contener: a) una claridad argumentativa, b) una simplificación en su estructura, y c) evitar transcribir de forma reiterada los antecedentes,[98] los precedentes o cualquier aspecto que ya se haya dicho anteriormente. Sin embargo, para ello debe existir una técnica de la argumentación lo suficientemente buena para que las ideas queden fijas y se entienda desde el primer momento lo que se quiere comunicar, para así evitar acudir a la fórmula de reiterar excesivamente lo que ya se dijo.

98 *Cfr.* Trejo Orduña, José Juan. La Sentencia Lógica Jurídica. [coords.] Manuel González Oropeza y Eduardo Ferrer Mac-Gregor. *El Juicio de Amparo. A 160 años de la Primera Sentencia.* Ciudad de México: Instituto de Investigaciones Jurídicas, 2019, Vol. II, pág. 519 *apud* Pardo Rebolledo, Jorge Mario. Simplificación de las Estructuras de las Sentencias De Amparo, Revista del Instituto de la Judicatura Federal, México, vol. 21, 2006.

III. Conclusiones

La sentencia de la contradicción de tesis 351/2014 definitivamente entra en la categoría de sentencias paradigmáticas y emblemáticas. No se exagera cuando se afirma que viene a modificar la forma en cómo se entiende al derecho procesal constitucional y al juicio de amparo como instrumento de control de constitucionalidad y convencionalidad en la protección de los derechos humanos de las personas, pues ahora los órganos jurisdiccionales no solo están obligados a analizar las normas que tradicionalmente rigen el juicio constitucional, sino que además deberán estudiar las normas sustantivas y adjetivas que se aplicaron al acto reclamado haciendo un contraste entre las normas de derecho interno armonizándolas con el derecho internacional convencional.[99] Así, con este criterio adoptado por la Suprema Corte de Justicia de la Nación «los jueces nacionales ahora se convierten en los primeros jueces interamericanos».[100]

Las bondades de la sentencia, *prima facie*, me parece que son muchas y, conforme se vaya aplicando la jurisprudencia, se podrá analizar de manera objetiva sus alcances y materialidad. No obstante, considero que, para una mayor eficacia de la protección de los derechos fundamentales, los actos y hechos del poder público también deben someterse al control constitucional y convencional, simple y sencillamente por mandato

---

99 Jurisprudencia PC.I.A. J/171 A (10a.), que lleva por rubro *Normas de derecho interno. Su interpretación y aplicación deben armonizarse necesariamente con el derecho internacional convencional.*

100 *Interpretación conforme y control difuso de convencionalidad. El nuevo paradigma para el juez mexicano.* Ferrer Mac-Gregor, Eduardo. 9, s. l.: Centro de Estudios Constitucionales de Chile Universidad de Talca, 2011, Estudios Constitucionales, pág. 620.

constitucional, algo que la Corte dejó quizá para una nueva reflexión a futuro [que yo espero no tarde mucho].

Por otra parte, la visión tradicionalista de entender a la seguridad jurídica debe ir avanzando en el mismo sentido en que lo hace la transformación de los principios en auténticos derechos. Un constitucionalismo transformador requiere modificar la concepción de lo pretérito y adecuarlo a las nuevas formas de los tiempos presentes. Se equivoca quien piense que ya se ha dicho todo lo que se tenía que decir sobre la seguridad jurídica y el principio de legalidad; la «Constitución entrometida» nos obliga a concebir su contenido desde otros ángulos y perspectivas.

De la misma manera, la técnica de la reiteración en las sentencias debe sustituirse por un método más abreviado, en que las ideas se atrincheren de forma tal que se haga innecesaria su constante repetición.

Por último, me parecen muy valiosas las palabras de la Magistrada Taissia Cruz Parcero,[101] quien durante su participación en el Congreso «La Ley de Amparo de 2013: Avances y retos a 10 años»,[102] al referirse a la contradicción de tesis 351/2014, dijo lo siguiente:

> ... Es uno de los avances que me parecen más relevantes y esto nos permitirá en unos años tener un conjunto de resoluciones mucho más sólidas y, además, también cuantitativamente importantes de pronunciamientos de tribunales colegiados en ejercicio de control difuso de convencionalidad y constitucionalidad.[103]

101 Directora General del Instituto Federal de Defensoría Pública.

102 Evento realizado del 12 al 14 de abril de 2023, coordinado por la Dra. María Elisa Martín del Campo y por el Dr. Eduardo Ferrer Mac-Gregor, y organizado por distintas instituciones como la Suprema Corte de Justicia y el Instituto de Investigaciones Jurídicas de la UNAM.

103 Cruz Parcero, Taissia. Facebook. *Facebook IIJ-UNAM*. [En línea] 13 de Abril de 2023. [Citado el: 28 de Abril de 2023.] https://www.facebook.com/watch/?v=1728926724175932.

IV. Fuentes de consulta y referencias

1. Carbonell, Miguel y Caballero González, Edgar S. *Convención Americana de Derechos Humanos con Jurisprudencia.* Ciudad de México: Centro de Estudios Jurídicos Carbonell, A. C., 2018.
2. PrietoSanchís,Luis.ElConstitucionalismodelosDerechos. [coord.] Miguel Carbonell. *Neoconstitucionalismo.* Ciudad de México: Centro de Estudios Jurídicos Carbonell, A. C., 2017.
3. Carbonell, Miguel. *El Debido Proceso en México. Análisis de los Artículos 14 y 16 Constitucionales.* Ciudad de México: Tirant lo Blanch, 2019.
4. Cruz Parcero, Taissia. Facebook. *Facebook IIJ-UNAM.* [En línea] 13 de Abril de 2023. [Citado el: 28 de Abril de 2023.] https://www.facebook.com/watch/?v=1728926724175932.
5. *Interpretación conforme y control difuso de convencionalidad. El nuevo paradigma para el juez mexicano.* Ferrer Mac-Gregor, Eduardo. 9, s. l.: Centro de Estudios Constitucionales de Chile Universidad de Talca, 2011, Estudios Constitucionales.
6. Ramos Vázquez, Eréndira Nohemí. *La doctrina del control de convencionalidad.* Ciudad de México: Porrúa, 2021.
7. Trejo Orduña, José Juan. La sentencia lógica jurídica. [coords.] Manuel González Oropeza y Eduardo Ferrer Mac-Gregor. *El juicio de amparo. A 160 años de la primera sentencia.* Ciudad de México: Instituto de Investigaciones Jurídicas, 2019, Vol. II.

8. García Morales, Verónica Yasmín. Principio de legalidad en el derecho administrativo sancionador. [coords.] Manuel Jiménez Dorantes y Oswaldo Chacón Rojas. *Derecho administrativo sancionador. Algunas Miradas desde sus Princpios.* Ciudad de México: Tirant lo Blanch, 2021.
9. Comanducci, Paolo. Modelos e interpretación de la Constitución. [coord.] Miguel Carbonell. *Neoconstitucionalismo.* Ciudad de México: Centro de Estudios Jurídicos Carbonell, A. C., 2017.
10. Jurisprudencia PC.I.A. J/171 A (10a.). Fuente: Gaceta del Semanario Judicial de la Federación. Libro 2, Junio de 2021, Tomo IV, página 4441.
11. Jurisprudencia P./J. 2/2022 (11a.). Fuente: Gaceta del Semanario Judicial de la Federación. Libro 10, Febrero de 2022, Tomo I, página 7.
12. Jurisprudencia 1a./J. 84/2022 (11a.). Fuente: Gaceta del Semanario Judicial de la Federación. Libro 14, Junio de 2022, Tomo V, página 4076.
13. Jurisprudencia de rubro «Autoridades». Fuente: Apéndice 2000. Tomo VI, Común, Jurisprudencia SCJN, página 69.

Ensayo analítico sobre los puntos más importantes del libro *Cómo se ganan los juicios. El abogado litigante*, de Francis Lee Bailey

Es bastante más preferible para un pueblo tener malas leyes con buenos jueces, que malos jueces con buenas leyes.

Francesco Carnelutti

Sumario

I. Introducción

En el año mil novecientos noventa y cinco, la editorial Limusa lanzó la obra *Cómo se ganan los juicios. El abogado litigante*, libro escrito por el célebre litigante norteamericano Francis Lee Bailey, en el cual, en poco más de doscientas páginas, el autor —dirigiéndose especialmente a los estudiantes de derecho y a quienes tengan como pretensión incursionar en la carrera profesional de la abogacía—, de una manera extremadamente generosa, nos comparte recomendaciones para lograr el éxito en el litigio.

El trabajo de Lee Bailey, dividido en quince capítulos, nos lleva por un enriquecedor recorrido de consejos, ejemplos, advertencias y vivencias del propio autor sobre el ejercicio profesional del litigio; la forma más adecuada en que él considera debe iniciarse el abogado litigante —dado su éxito y experiencia—, y el actuar de las y los jóvenes estudiantes de la carrera de derecho. Cabe aclarar, por supuesto, que la óptica de este excelente texto se basa en el sistema legal estadounidense, por lo que es importante hacer esta referencia en esta introducción, ya que los sistemas jurídicos estadounidense y mexicano [*common law* y *civil law*, respectivamente] son diametralmente diferentes.

A juicio de quien ofrece el presente ensayo analítico, los quince temas que aborda Bailey suman de manera hipersustantiva. Todos, incluido el capítulo 9 que habla sobre cómo trabajar con un jurado,[104] dan un entendimiento muy bueno sobre el

104 Por obvias razones, este capítulo inmediatamente fue descartado para el presente trabajo, puesto que en el sistema jurídico mexicano actual es inexistente la figura del jurado. No obstante, en disposiciones ya abrogadas como la Ley Orgánica del Poder Judicial de la Federación [abrogada 07-06-2021] y el Código Federal de Procedimientos Penales

perfil del abogado litigante y, aun tratándose de sistemas jurídicos diferentes, los postulados por Bailey tienen una base muy sólida para tomar en cuenta por las personas que estudiamos el derecho ya sea que se trate de quienes apenas incursionan en los primeros meses de la carrera o de quienes ya con título y cédula en mano sabemos perfectamente que el *ius* nunca se debe dejar de estudiar.

Ahora bien, por cuestión de método y aplicabilidad práctica basada en los sistemas normativos procesales penales[105] y civiles[106] mexicanos así como las deficiencias que advierto entre los y las litigantes, este ensayo de análisis versará sobre los siguientes cuatro capítulos de la obra de Bailey: (i) Capítulo 5. Introducción a la evidencia, (ii) Capítulo 6. La preparación del caso y lo que significa, (iii) Capítulo 10. Cómo llamar a un testigo, y (iv) Capítulo 11. Introducción al interrogatorio.

El rasgo en común de estos capítulos es que se encuentran muy interrelacionados directamente y de manera muy especial con los aspectos probatorios o lo que hoy se conoce como el razonamiento probatorio así como el denominado el derecho humano a la prueba.

[abrogado en su totalidad el 05-03-2014] sí se contemplaba la existencia del denominado Jurado Federal de Ciudadanos.

105 Código Nacional de Procedimientos Penales.

106 Código Nacional de Procedimientos Civiles y Familiares, aprobado por ambas Cámaras del Congreso de la Unión.

II. Ensayo analítico sobre los puntos más importantes del libro *Cómo se ganan los juicios. El abogado litigante*, de Francis Lee Bailey

II.1. Capítulo 5. Introducción a la evidencia

En este capítulo que considero de los más relevantes, el autor ofrece conceptos bien estructurados con una prosa fácil de entender [no hay que perder de vista a quién va dirigida especialmente su obra] de las tareas que les toca realizar a cada una de las partes en la *litis*: la prueba de cargo [para quien acusa] y la prueba de descargo[107] [para quien defiende]. Este aspecto es toral, no solo porque la prueba tiene en sí misma una densidad procesal importante y es protagonista principal para resolver la disputa, sino porque en la actualidad el derecho a la prueba supone un verdadero derecho humano y una obligación que deben atender ya no únicamente los órganos jurisdiccionales o de acusación, sino también y con mucha más razón los postulantes.

Lo que ofrece Bailey en este capítulo es una radiografía exacta de la importancia que tiene la prueba en cualquier litigio y da un resumen realmente interesante de cómo se ha transformado la resolución de las disputas a través de la historia, primeramente únicamente con las armas de la retórica y la elocuencia

107 El autor nunca utiliza tal término en su obra, pero es necesario aplicarlo aquí si se quiere realizar la compatibilidad más próxima a efecto de integrar las concepciones que nos da.

argumentativa, para transitar a elementos de probanza empleando diversos medios de prueba y técnicas científicas.

Por otra parte, considero especialmente valiosa la aportación que hace en el siguiente sentido: Bailey aquí da una serie de pasos cronológicamente concatenados para estatuir una defensa adecuada: primero, que la parte acusadora quede imposibilitada para emplear determinada prueba,[108] si falla este primer paso, entonces el segundo es socavar el medio de prueba empleado a efecto de restarle valor probatorio, y por último, lo que el autor denomina sembrar las dudas sobre la culpabilidad del imputado, para que opera la duda razonable y se proceda a «cosechar» la libertad del presunto responsable.

En este sentido, si bien el autor se refiere exclusivamente a la materia penal, la impregnación de los derechos humanos como plexo y vértice de donde emana y descansa todo el sistema jurídico, provoca que en cualquier otra materia sea perfectamente aplicable la nulidad de la prueba si se violentaron derechos fundamentales, y es en este punto donde podría entrar, con sus matices, la doctrina *drittwirkung* entre particulares[109] para litigios que no sean materia penal o contenciosos administrativos.

Por otra parte, un punto también a considerar es la carga moral y ética que imprime Bailey casi al finalizar el capítulo, pues en efecto bajo ninguna circunstancia existe causa para mentir en una cuestión legal, y es obligación de las y los abogados proteger no solo a nuestros clientes de la mentira, sino a la sociedad de aquellos que corrompen e irrespetan tan noble profesión. Así, «es evidente que el jurista debe tener un hondo

108 En materia penal, por ejemplo, existe la llamada prueba ilícita y prueba imperfecta. La primera nula de pleno derecho por haberse obtenido mediado violaciones a derechos humanos; y la segunda, porque su apropiación transgrede una formalidad procesal. A mayor abundamiento, consúltese la tesis XVII.1o.P.A.68 P (10a.), con número de registro digital 2017765.

109 P. ej. el artículo 276, fracción II, del Código Nacional de Procedimientos Civiles y Familiares establece que la autoridad jurisdiccional en ningún caso admitirá pruebas o diligencias contrarias a derecho. Concepción muy amplia en la que perfectamente pueden encontrarse las pruebas ilícitas y las pruebas irregulares.

sentido de justicia no solo en lo que tradicionalmente se conoce como justicia conmutativa [...] sino, por modo primordial, en lo que debe entenderse por justicia social».[110]

II.2. Capítulo 6. La preparación del caso y lo que significa

Bien nos dice Bailey, en este capítulo de su obra, que existen casos con una alta probabilidad de salir victoriosos, pero que resultan en una derrota con todas las pésimas consecuencias que conlleva para el cliente y la reputación del litigante. Esto —nos refiere— se debe, básicamente, a la deficiencia en la preparación del caso. Así, para intentar remediar esta situación en la que los litigantes puedan verse comprometidos, el autor nos da una serie de instrucciones y recomendaciones a seguir, en las que me gustaría hacer énfasis con mayor ahínco: el litigante debe ser investigador.

No puede entenderse ni concebirse una defensa jurídica de calidad si, con antelación, no se ha realizado una investigación exhaustiva y minuciosa del asunto que se está tratando y se ha aceptado. Si bien el autor nos ofrece un amplísimo catálogo de recomendaciones en su área —que es la penal—, estas resultan perfectamente aplicables a cualquier *litis*, con independencia de la materia de la que se trate. Las deficiencias en la forma en que se aborda y se prepara el caso son de las razones principales por las que —en palabras del autor— se gana o se pierde un caso.

De la misma manera, es en extremo importante advertir una muy seria deficiencia en los sistemas educativos de las facultades de derecho: no hay una materia o asignatura dedicada a la investigación. Nos dice Bailey que en Estados Unidos no existen, y en México, a lo mucho, a lo que llegamos es a instaurar

110 Burgoa Orihuela, Ignacio. *El jurista y el simulador del derecho*. Ciudad de México: Porrúa, 1988. pág. 23.

en algunas universidades de derecho la materia de técnicas de investigación, que no van focalizadas a los casos que habrán de resolver en el futuro quienes se preparan en la profesión de la abogacía, sino a metodizar técnicas investigativas académicas —a las cuales no se les resta valor, desde luego—, que debieron estudiarse y quedar atrincheradas en la mente de las personas al finalizar la preparatoria.

Por lo anterior, es que se ensalza la valiosa recomendación que se hace en la obra, en la cual hay que tratar de ingresar a un bufete jurídico para aprender lo que la universidad no ofrece ni enseña.

A este respecto, no es plausible desarrollar aquí una crítica a la obra que se estudió por no ser la naturaleza del trabajo que ahora se ofrece, pero al menos permítaseme hacer un comentario. Dice el escritor que al ingresar a un bufete la pericia en la preparación del caso tiende a pegarse, pero creo que hizo falta una advertencia y una recomendación por parte del autor a sus lectores. Sí, la pericia tiende a pegarse, pero los malos hábitos en el ejercicio de la profesión también y estos son mucho más fáciles de contagiar y difíciles de eliminar.

Si el próximo abogado litigante observase que en el bufete donde está aprendiendo la preparación del caso se realizan prácticas deshonestas, desleales, antiéticas o corruptas, lo mejor es salir de ahí al primer avistamiento de este tipo de acciones u omisiones. De nada valdría la pericia obtenida, si el asunto se ganó de manera tramposa. Citando nuevamente al Dr. Burgoa: «La rectitud y de conciencia y la honestidad, que le es pareja, son las armas que tiene un abogado para emprender la lucha a que lo obliga esencialmente su actividad».[111]

111 *Op. cit.*, pág. 53, § segundo.

II.3. Capítulo 10. Cómo llamar a un testigo

Este capítulo de análisis se relaciona directamente con el acápite sobre la evidencia y el que sigue. Indefectiblemente, saber llamar a un testigo es ir comenzando a construir lo que será la prueba testimonial, que no es otra cosa que un tipo de evidencia y que tendrá un peso determinado de acuerdo con la pericia del litigante para saber si debe o no llamar a un testigo, y que guarda una fuerte vinculación con las técnicas de interrogación —como más adelante se expondrá—.

Particularmente, la directriz planteada por el autor en esta parte de su obra resulta altamente interesante, de vasta aplicabilidad, y tan llega a ser importante lo que refiere que, al menos a mí, me despierta algunas dudas como las que a continuación refiero: ¿Cuántos juicios no se habrán perdido por una deficiente elección del llamado a un testigo? ¿Cuántas veces quizá la *litis* podía ganarse, pero una mala preparación del testigo hizo que el caso se cayera? ¿Por qué no se puede preparar adecuadamente a un testigo?

Pueden existir tantas respuestas a estos planteamientos que cada quien podrá tener una idea, y aun así sería un tanto difícil dar una contestación certera que despeje toda duda. Lo cierto es que Bailey da muestra de su experiencia, ya que paso a paso nos va indicando qué es lo que se tiene y no se tiene que hacer para el llamamiento de un testigo. Los consejos de Bailey en este aspecto constituyen un baluarte dentro de la obra en sí misma. Cabe recordar que, en los Estados Unidos, los procesos se han regido y se rigen por actuaciones de tipo oral, mientras que en México recientemente iniciamos procesos y procedimientos de características similares en materia penal, y próximamente en materia civil y familiar.

No obstante, hay que puntualizar algunos matices entre las recomendaciones del autor para llevar lo que refiere a la práctica. La simpatía del testigo debe dejarse de lado y darle un mayor peso a su fiabilidad, ya que se debe recalcar que aquí no se trabaja con un jurado, pues no existe esa figura en el sistema procesal mexicano. Por tanto, un testigo fiable y seguro de sí mismo, que se muestre impávido ante el órgano jurisdiccional y los abogados partes del litigio, es la parte sustantiva de este capítulo que definitivamente puede servir de muchísimo.

Hay que ser enfáticos en esto: la obra de Bailey no es teoría, es práctica profesional llevada al libro. Así que sus recomendaciones son perfectamente viables y de inmensa utilidad.

II.4. Capítulo 11. Introducción al interrogatorio

Por último, ahora toca realizar el análisis de este capítulo de la obra de Lee Bailey, que se encuentra estrechamente relacionado con los tres apartados antes citados y que conformaron el núcleo del presente ensayo.

En esta temática se sigue la línea de la prueba dentro de las fases del proceso de litigio, y es la valoración de las pruebas la culminación del proceso en su segunda fase. No es que se considere que los alegatos no forman parte del proceso: ¡por supuesto que forman parte [tercera fase], junto con la emisión de la sentencia [cuarta y última fase]!

Para el abogado Bailey, la eficacia de un interrogatorio y un contrainterrogatorio depende de cuatro características que se enuncian: tener buena memoria,[112] conocer las fases del interrogatorio, saber con mucha precisión lo que se busca al preguntar, y tener mesura para saber cuándo sí y cuándo ya no es necesario preguntar.

---

112 El autor le dedica todo un capítulo [el cuarto] a la memoria. Respecto a este punto, considero muy importante tener buena memoria y cabe hacer la aclaración que no se tomó en cuenta para este ensayo en el entendido de darle uniformidad a los puntos ensayados bajo análisis que se encuentran vinculados con los aspectos probatorios de los cuales parten los hechos demostrados en el litigio.

En palabras del doctor Miguel Carbonell «la memoria es como un músculo: hay que entrenarla con frecuencia para que no se atrofie».[113] Este ejercicio como nos lo indica tanto Bailey como el doctor Carbonell, comienza en la universidad y su cénit es durante el interrogatorio y contrainterrogatorio de un testigo sea del tipo que sea [p.ej. presencial o identificador]. Pues solamente así se está en oportunidad de reconvenir o refutar lo que el testigo declare y testifique. Sin una memoria avispada, se corre el riesgo de pasar datos importantes de las declaraciones o evidentes contradicciones.

Ahora bien, si la *litis* en sí misma conlleva un proceso que tanto es lógico como jurídico, invariablemente las fases del interrogatorio también deben llevar una estructuración lógica. Esta es una aportación de gran trascendencia para el litigante que nos proporciona Bailey, pues no se limita a explicar las fases del interrogatorio, sino que va más allá al señalar que se trata de una técnica y hasta un arte para extraer con inteligencia y astucia información relevante para el caso. Se resalta el cuidado que se debe tener en la formulación de las preguntas a realizar para que no sean motivo de objeción.

En un mismo sentido, destaco que se debe saber con toda precisión la información que se desea obtener e ir realizando las preguntas bajo esa tesitura para obtenerla y tener también la suficiente precaución de prever hacia donde se dirige la contraparte en el interrogatorio o contrainterrogatorio para frenar su avance, pues él también buscará información.

Como último punto, Bailey da un muy claro y contundente ejemplo de que se debe guardar mesura si ya se ha obtenido la información deseada en un interrogatorio o contrainterrogatorio. Para ejemplificar esto, nos narra cómo un joven litigante por no guardar la mesura en un interrogatorio, él

113 Carbonell, Miguel. *Cartas a un estudiante de derecho*. Ciudad de México: Porrúa, 2019. Carta 6.

mismo termina por arruinarse su caso el cual ya se encontraba prácticamente ganado.[114]

Aquí radica la importancia de tener prudencia no solo en las fases del interrogatorio y contrainterrogatorio, sino en todas las fases del proceso y en general en cualquier negocio del orden jurídico que llevemos a cabo.

114 Página 159, del libro bajo análisis.

III. Conclusiones

Sin un ápice de duda, el libro de Francis Lee Bailey *Cómo se ganan los juicios. El abogado litigante* debe ser una obra de estudio cuasiobligatorio en el penúltimo grado de la preparatoria para quienes piensen incursionar en la ciencia del derecho, y de lectura totalmente obligatoria en el primer semestre, cuatrimestre o trimestre de la licenciatura en derecho.

Al haber leído también *Cartas a un estudiante de derecho*, del doctor Miguel Carbonell, así como *El jurista y el simulador del derecho*, autoría del doctor Ignacio Burgoa Orihuela, se advierte que las tres obras, en su conjunto y de manera sistemática, ofrecen a los lectores —incipientes estudiantes del derecho— un panorama extremadamente enriquecedor para la ciencia que se está próxima a estudiar, en la que ya se está inmerso o que, de plano, ya se concluyó al menos en su etapa de licenciatura. Nunca es tarde para abrevarnos del conocimiento tan nutrido que nos ofrece el litigante Bailey como los dos juristas mexicanos referidos.

El trabajo y las sugerencias del autor en que se basó este ensayo resultan atemporales y más que adecuadas y pertinentes para el momento en que, al menos en México, parece que se transita hacia procesos donde la oralidad toma protagonismo. Se comenzó con la materia penal, siguiendo ahora la civil y familiar, y dada esta tendencia, es probable que en un futuro no muy lejano algunas otras materias, como el derecho administrativo sancionador o disciplinario, también puedan regirse por un sistema de oralidad, más allá de los procedimientos rígidos, por escrito y un tanto acartonados, que imperan actualmente. De esta manera, resultará indispensable conocer, por lo menos, los cuatro capítulos aquí ensayados analíticamente, con miras a la construcción de un caso sólido, y en el que también se aborda el derecho a la prueba como un auténtico derecho fundamental entre las partes en litigio.

La importancia de la obra de Bailey —en todo su conjunto y no solo en los cuatro capítulos que aquí se analizaron— es que su utilidad y aplicabilidad no se limita a los estudiantes de derecho, con todo y que son los destinatarios finales de Bailey, sino que es perfectamente sugerible que las y los litigantes tomemos nota de esos apuntes, de esas recomendaciones y sugerencias, tanto para mejorar el trabajo profesional realizado en el día a día, como para pulir las técnicas que empleamos y, por sobre todas las cosas, para hacérselos llegar a las futuras generaciones de abogadas y abogados, quienes deben conocer a profundidad los aspectos que desarrolla F. Lee Bailey en quince capítulos. Pues —en una estimación muy personal— así, y solamente así, se podrá ir abatiendo las flaquezas del trabajo práctico y reducir ciertos vicios del gremio que se transmiten a los educandos al momento de impartir clases de derecho.

Es decir, quienes se dedican al litigio y son profesores de derecho, al conocer esta obra adquirimos una tremenda responsabilidad de doble vertiente: por un lado, aplicar lo aprendido en los litigios que entablemos; y, por el otro, hacérselo del conocimiento a las y los estudiantes de derecho, para que mejoren sustancialmente sus aptitudes y desarrollen habilidades.

IV. Fuentes de consulta y referencias

1. Burgoa Orihuela, Ignacio. *El jurista y el simulador del derecho.* Ciudad de México: Porrúa, 1988.
2. Carbonell, Miguel. *Cartas a un estudiante de derecho.* Ciudad de México: Porrúa, 2019.
3. Lee Bailey, Francis. *Cómo se ganan los juicios. El abogado litigante.*
4. Tesis XVII.1o.P.A.68 P (10a.). Fuente: Gaceta del Semanario Judicial de la Federación. Libro 57, Agosto de 2018, Tomo III, página 3019.
5. Código Nacional de Procedimientos Civiles y Familiares.
6. Código Nacional de Procedimientos Penales.

Análisis crítico a la acción de inconstitucionalidad 73/2021

Una Constitución, siendo tan importante como es, no significará nada a menos que la gente esté anhelando la libertad.

Ruth Bader Gingsburg

Sumario

I. Introducción

El día 7 de marzo de 2022, el Pleno de la Suprema Corte de Justicia de la Nación resolvió la acción de inconstitucionalidad 73/2021, promovida por la Comisión Nacional de los Derechos Humanos, en la cual la accionante impugnó la constitucionalidad del artículo 875 Ter, fracción II, del Código Civil para el Estado Libre y Soberano de Puebla.

La disposición normativa hace referencia a que las personas que tuvieran una autopercepción de género discordante con la que biológicamente nacieron se vieran posibilitadas de acceder a un cambio o rectificación de su acta de nacimiento para adecuarla a la manera en que se autoconcibieran; lo cual, sin lugar a dudas, suponía un avance en los derechos de las personas transgénero en Puebla.

Sin embargo, la fracción II del artículo antes referido contenía una cláusula en la que únicamente personas mayores de dieciocho años se encontraban habilitadas para solicitar la expedición o la rectificación de su acta de nacimiento, excluyendo de dicha facultad a cualquier persona menor de 18 años, es decir, niñas, niños y adolescentes transgénero al no tener la edad que la norma exigía.

Por lo anterior, la Comisión Nacional de los Derechos Humanos presentó una acción de inconstitucionalidad al estimar que la norma impugnada realizaba una discriminación por edad, lo cual está prohibido en nuestro sistema constitucional.[115]

115 Artículo 1°, párrafo quinto de la Constitución Política de los Estados Unidos Mexicanos: «**Queda prohibida toda discriminación motivada** por origen étnico o nacional, el género, **la edad**, las discapacidades, la condición social, las condiciones de salud, la religión, las opiniones, las preferencias sexuales, el estado civil o cualquier otra que atente contra la

De esta manera, y por encontrarse ante una de las denominadas categorías sospechosas «—también denominadas categorías protegidas— contenidas en el artículo 1° de la Constitución y de la Convención Americana sobre Derechos Humanos. Han sido reconocidas como motivos prohibidos de discriminación»,[116] el Pleno de la Suprema Corte de Justicia de la Nación ejecuta un examen de escrutinio estricto para verificar si la distinción que hace la norma se encuentra dentro del parámetro de control de regularidad constitucional, o por el contrario, resulta discriminadora y debe ser purgada del sistema jurídico mexicano.

De la aplicación del test de escrutinio estricto, se halla con que «el cuerpo normativo impugnado sí persigue una finalidad imperiosa protegida a nivel constitucional»;[117] por lo que logra superar la primera grada del test. No obstante, en la segunda etapa del juicio, la medida legislativa «no encuentra conexión directa con la finalidad constitucionalmente imperiosa»,[118] por lo que al resultar discriminatoria e irrazonable causa un perjuicio de la niñez y adolescencias trans, y por ello la Corte prescinde de aplicar la tercera y última fase del test de escrutinio estricto, pues al no lograr superar la segunda grada lo conducente es declarar —como se hizo— su inconstitucionalidad.

Ahora bien, una vez que se ha precisado la *litis* y el resultado de la acción de inconstitucionalidad, se procede a establecer la metodología del trabajo que se realiza en torno al medio de control constitucional que se estudia, es decir, la sentencia de la acción de inconstitucionalidad 73/2021.

Este análisis crítico se dividirá en cuatro subtemas: el primero, la falta de explicación para diferenciar entre el test de

---

dignidad humana y tenga por objeto anular o menoscabar los derechos y libertades de las personas». [El realce es adicionado]

116 Unidad General de Conocimiento Científico y Derechos Humanos de la Suprema Corte de Justicia de la Nación. [@ddhh_scjn] (2022, 22 de agosto, 09:57 hrs.). [Tweet] Twitter. https://onx.la/37a1e

117 Pág. 57, § 110, de la sentencia.

118 Ibid. Pág. 59, § 115.

escrutinio estricto y el test de escrutinio ordinario; el segundo, la oportunidad perdida de realizar un diálogo jurisprudencial concretizado con la Corte Interamericana de Derechos Humanos; el tercero, la *obiter dicta* de la sentencia; y el cuarto, los aciertos del fallo.

II. Análisis crítico a la acción de inconstitucionalidad 73/2021

II.1. La falta de explicación para diferenciar entre el test de escrutinio estricto y el test de escrutinio ordinario

Para situarnos en el entendimiento, primeramente hay que precisar con toda claridad que la sentencia que resuelve la acción de inconstitucionalidad 73/2021, materia del presente análisis crítico, se trata de lo que yo denomino sentencia pedagógica.[119] De las fojas 23 a la 63, la sentencia se ocupa en analizar y explicar los siguientes principios y derechos: (i) Principio de interés superior de la infancia y adolescencia, (ii) Principio de igualdad y no discriminación, y (iii) Derecho a la dignidad humana en su vertiente de libre desarrollo de la personalidad [de identidad sexual y de género].

Desde el primer momento se logra identificar que la sentencia busca darle una robusta claridad conceptual a los principios y derechos que se estimaron violentados en la codificación civil que se impugnó, lo cierto es que la resolución del Pleno de la Corte tiene una deficiencia importante que, a mi juicio, le impide ser una sentencia plenamente pedagógica como se pretendía.

119 Este tipo de sentencias tienen la particularidad de que, dentro del análisis del estudio de fondo pero antes de estudiar el caso en concreto, dedican buena parte de las fojas de la sentencia en realizar una serie de explicaciones sobre los principios, valores y derechos humanos en cuestión. Esta ilustración con un alto contenido conceptual y trazos de desarrollo jurisprudencial tiene como objetivo ir construyendo la base argumentativa sobre la cual descansará la *ratio decidendi* de la *litis* planteada.

Al comenzar con el estudio del caso en concreto, la Corte opta —como no podía ser de otra manera— por someter la disposición jurídica impugnada al examen de escrutinio estricto, pues la diferenciación que hace la norma impacta directamente sobre la edad de las personas [que, como ya se dijo, es una categoría sospechosa],[120] lo que se traduce en una posible violación al principio de interés superior de la niñez, dentro del cual se encuentran niñas, niños y adolescentes.

Ahora bien, la sentencia materia de este estudio refiere lo siguiente:

> 98. Se estima conveniente hacer una explicación de la forma en la que se tiene que realizar el examen para poder clarificar las diferencias que existen entre un escrutinio ordinario y el estricto que debe aplicarse a las distinciones legislativas que inciden en niños, niñas y adolescentes.[121]
>
> 99. En una primera grada, debe examinarse si la norma cumple con una finalidad imperiosa desde el punto de vista constitucional. Cuando se aplica el test de escrutinio estricto para enjuiciar una medida legislativa que realiza una distinción, no debe exigirse simplemente, como se haría en un escrutinio ordinario, que se persiga una finalidad constitucionalmente admisible.[122]

En el párrafo noventa y ocho de la sentencia, la Suprema Corte explica que estima conveniente clarificar las diferencias entre el examen de escrutinio estricto y el examen de escrutinio ordinario. Posteriormente, en el siguiente párrafo es donde comienza el enjuiciamiento de la medida legislativa desde el crisol del test de escrutinio estricto, y es donde la sentencia hace la

---

120 *Supra* nota 2.
121 Acción de inconstitucionalidad 73/2021, pág. 53, § 98.
122 *Ibid*. pág. 54, § 99.

distinción clara entre el examen estricto y el ordinario. A pesar de ello, en los subsecuentes párrafos no se explican las diferencias entre un tipo de test y el otro.

Si bien es verdad que la norma impugnada es incapaz de superar la segunda grada del examen de escrutinio estricto, en mi análisis, y atendiendo a que se trata de una sentencia de tipo pedagógica, la Corte olvida o parece olvidar hacer referencia a las otras especificidades de distinción entre un tipo de examen con relación al otro. Pues, si bien establece las tres gradas del test de escrutinio estricto y explica su *telos*, me parece que, de cierta forma, difumina el examen de escrutinio ordinario, haciendo que las partes en el juicio —la accionante y las autoridades emisoras y promulgadoras de la norma— o cualquier persona que quiera leer la sentencia, quede con la duda sobre las distinciones específicas para el caso.

Por otra parte, si la Corte comenzó hablando sobre los principios y derechos que se encontraban en juego por la disposición enjuiciada, dentro de ese parámetro explicativo pudo incorporar los dos tipos de test que existen para examinar medidas que, *prima facie*, generen una distinción. Por un lado, el examen de escrutinio estricto y las razones de su aplicabilidad al caso concreto; y, por el otro, el test de escrutinio ordinario y las razones de su inaplicabilidad para resolver la *litis*.

De esta manera, al no realizar la diferenciación prometida en el párrafo 98 de la sentencia, la omisión provoca que la sentencia quede un tanto corta y no situada de lleno en el espectro de las sentencias pedagógicas como se pretendía, o al menos ese indicio daba la conformación de su estructura.

En este sentido, podemos afirmar que habría sido altamente valioso incorporar ambos tipos se exámenes de enjuiciamiento y realizar un esbozo general al menos del test de escrutinio ordinario y su diferenciación con el estricto, que de acuerdo con la doctrina jurisprudencial de la Primera Sala de la Suprema Corte de Justicia de la Nación, surge una doble diferencia entre ambos tipos de exámenes, pues «mientras que el estricto exige una finalidad constitucional imperativa, cuya consecución se debe hacer a través de los medios menos gravosos posibles, en el escrutinio laxo solo se exige legitimidad de una finalidad admisible y una relación racional entre esta y la medida; mientras que en el estricto se exige máxima racionalidad al legislador, en el ordinario se les exige mínima racionalidad».[123]

II.2. La oportunidad perdida de realizar diálogo jurisprudencial concretizado con la Corte Interamericana de Derechos Humanos

Como segundo punto dentro de este análisis crítico, considero que el Pleno de la Suprema Corte perdió una importante oportunidad de realizar un diálogo jurisprudencial constructivo y concretizado con la Corte Interamericana de Derechos Humanos, tribunal regional y quien realiza control concentrado de la Convención Americana sobre Derechos Humanos.

Al respecto, el Pleno de la Corte tiene a bien visualizar y advertir que el legislador poblano en su libertad configurativa de legislar determinó establecer diversos requisitos para el otorgamiento de una nueva acta de nacimiento, para el reconocimiento de la identidad de género autopercibida, siendo uno de ellos el haber cumplido 18 años, imposibilitando de esta manera a que las infancias y adolescencias trans puedan acceder al beneficio de obtener ese tipo de documentos de identidad.

No se ignora que la intención del legislador era ampliar los derechos de identidad y género comprendidos dentro del derecho al libre desarrollo de la personalidad, no pasó inadvertido para la Suprema Corte de Justicia de la Nación que la norma

123 Tesis 1a. X/2022 (10a.), publicada en el Semanario Judicial de la Federación y su Gaceta, Undécima Época, Libro 11, marzo de 2022, Tomo II, página 1724. Registro digital 2024242.

causaba una discriminación indirecta[124] bajo dos vertientes: la edad y el género; ambos comprendidos dentro de las ya citadas categorías sospechosas. Es justamente por esta razón que la sentencia estatuye la intersección de la discriminación al encontrarse en el mismo problema jurídico los factores de edad y el género.

Por lo mismo, la Corte además de aplicar el test de escrutinio estricto como método de adjudicación constitucional para resolver la *litis*, también utiliza la interpretación sistemática para analizar los principios y derechos en juego de niñas, niños y adolescentes trans, para lo cual vierte uno de los elementos del parámetro de control de regularidad constitucional cuando descansa parte de la *ratio decidendi* en las Opiniones Consultivas OC-17/02; OC-21/14; OC-24/2017, y los casos contenciosos Atala Riffo e hijas *vs.* Chile, y Caso Gelman *vs.* Uruguay, resueltos todos por la Corte Interamericana de Derechos Humanos.

Prima facie, podríamos considerar que las opiniones consultivas y más que nada los dos casos contenciosos resueltos por el tribunal supranacional constituyen *per se* un diálogo jurisprudencial entre Cortes, en mi opinión no es así.

Si bien es cierto el Pleno de la Corte apoya algunas de sus razones decisorias y expresa conceptos dentro de la ius pedagogía que encontramos *passim* en la sentencia, me parece que el diálogo jurisprudencial no se produce en su máximo nivel, y esto sucede porque la Suprema Corte de Justicia de la Nación al abordar y explicar la interseccionalidad de la norma impugnada en la acción de inconstitucionalidad, únicamente se limita a citar el concepto de interseccionalidad obtenido del Glosario para la Igualdad del Instituto Nacional de las Mujeres, cuando por las particularidades del caso y teniendo como base el sistema de precedentes de la Corte Interamericana, la Suprema Corte estaba más obligada a

124 Véase Maclú Zorrero, Linda Helena. Igualdad y no discriminación. [coord.] Edgar S. Caballero González. *Diccionario Práctico de Derecho Constitucional.* Ciudad de México: Centro de Estudios Jurídicos Carbonell, A. C., 2020, pág. 110.

analizar el asunto bajo su competencia a la luz de los dos siguientes casos que resolvieron asuntos de discriminación múltiple:

Primero, el *Caso Gonzales Lluy y otros vs. Ecuador*, en el cual la Corte Interamericana de Derechos Humanos «por primera vez utiliza el concepto de "interseccionalidad" de la discriminación»[125] en los términos en que lo hace y la manera en cómo diversos factores de discriminación se intersectan entre sí.[126]

Segundo, en el Caso Ramírez Escobar y Otros *vs.* Guatemala, nuevamente la Corte Interamericana se pronuncia sobre la interseccionalidad de la discriminación.[127]

Por lo tanto, en el aspecto de la interseccionalidad el Pleno de la Suprema Corte tenía que haber introducido el concepto de la interseccionalidad de la discriminación para explicar la misma tomando los precedentes de la Corte Interamericana de Derechos Humanos, situación que no ocurrió dejando pasar una buena oportunidad de realizar un diálogo jurisprudencial con la Corte Interamericana en donde se pudo trazar una conceptualización más expansiva en la «interpretación de los derechos y una mayor eficacia de la Convención Americana sobre Derechos Humanos y su emergente proceso de integración»,[128] para lograr el tan anhelado *ius constitutionale commune*, pues recordemos que la Suprema Corte de Justicia de la Nación puede ejercer control difuso de convencionalidad.

II.3. La obiter dicta de la sentencia

Este punto del análisis será atinente a la *obiter dicta* inmersa en la sentencia y que la Suprema Corte alude de manera un

---

125 Párrafo 6 del Voto Concurrente del Juez Eduardo Ferrer Mac-Gregor Poisot. Caso Gonzales Lluy y Otros *vs.* Ecuador. Sentencia del 1 de septiembre de 2015.

126 Véase el párrafo 290 de la sentencia del Caso Gonzales Lluy y Otros *vs.* Ecuador.

127 Párrafo 276 de la sentencia Caso Ramírez Escobar y Otros *vs.* Guatemala. Sentencia del 9 de marzo de 2018.

128 *Cfr.* Niembro Ortega, Roberto. Introducción. *La argumentación constitucional de la Suprema Corte. A diez años de la reforma de derechos humanos.* México: Instituto de Estudios Constitucionales del Estado de Querétaro, 2021, pág. XXXV.

tanto superficial y escueta, lo cual, a mi juicio, no estuvo bien realizado, pues se podría aprovechar el tema para ir trazando aspectos de suma importancia para las adolescencias e infancias trans que, indudablemente, a posteriori se darán.

Como se recuerda, el fondo del asunto de la acción de inconstitucionalidad que ahora se analiza críticamente trató sobre una porción normativa del Código Civil de Puebla que imposibilita que personas menores de 18 años puedan acceder a la expedición o rectificación de su acta de nacimiento de acuerdo con su identidad sexual y de género autopercibida, como una manifestación del libre desarrollo de la personalidad.

Ahora bien, el Pleno de la Suprema Corte, en el análisis que realiza, da cuenta de que, invariablemente, el asunto también se ve relacionado con la discriminación interseccional, al identificar en las infancias y adolescencias trans dos aspectos que se intersectan, como son la edad y el género, situaciones que provocan que confluyan al menos dos motivos de discriminación en una misma persona.

Respecto a lo anterior, la estructura de la sentencia tiende —como ya se dijo en acápites anteriores— a ser del tipo pedagógica, y en este sentido la *obiter dicta* considero que tendría que haber explicado cuestiones más profundas para ir sentando algunas bases sobre maximizar la protección, garantía, respeto y promoción de los derechos de las infancias y adolescencias trans, que no solo sufren discriminación, sino que también se encuentran bajo un yugo de violencia manifestada en múltiples formas: rechazo generalizado por sus familias y la sociedad, acoso escolar, acoso sexual, y se les invisibiliza continuamente.

Bajo este contexto, la *obiter dicta* en el aspecto de la interseccionalidad de la discriminación que sufren las adolescencias e infancias trans al menos tendría que haberse iniciado «visualizando el contexto que viven para comprender la necesidad de la protección integral de sus derechos, como es el reconocimiento jurídico de su identidad de género».[129] Es verdad que la sentencia alude a que las personas infantes y púberes transgénero son capaces de desarrollar su autoconcepción a temprana edad, lo cierto es que en el caso particular lo deseable era acudir aunque sea de manera indirecta e informal a la ciencia especializada como lo podría ser la psicología infantil.

Desde otra perspectiva de crítica analítica, la intensidad y grado de la discriminación cuando se presenta la intersección puede variar de caso en caso, pero donde parece existe una mayor invisibilidad sobre la discriminación es la que sufren los hombres trans —es decir, una persona que nació con sexo femenino pero se autopercibe e identifica como masculino—, pues padecen un rechazo concretizado por parte de su familia y en algunos casos una violencia sistemática intensificada,[130] incluso son rechazados por miembros de la comunidad LGBTTTIQ.

Así, al dejar pasar este estudio de manera más profunda como *obiter dicta,* la Suprema Corte me parece que pierde oportunidad de oro y no se guarda lo que a mí consideración sería una carta de triunfo para el futuro.

II.4. Los aciertos del fallo

El objeto principal de este trabajo es realizar un análisis crítico a la sentencia que resolvió la acción de inconstitucionalidad 73/2021. Sin perder de vista este objetivo, considero justo y razonable dedicarle un capítulo muy breve a los que considero que son aciertos del fallo de la sentencia que resuelve el Pleno de la Suprema Corte.

---

129 *Reconocimiento jurídico de la infancia y adolescencia transgénero en México.* Maldonado Méndez, Erika Verónica. 73, México: s. n., 13 de Febrero de 2023, Revista del Instituto de Investigaciones Jurídicas de la UNAM. https://revistas.juridicas.unam.mx/index.php/hechos-y-derechos/article/view/17798/18149

130 *Cfr.* Comisión Interamericana de Derechos Humanos. *Violencia contra personas LGBTI.* 2015. pág. 84.

En primer lugar, me parece que la sentencia es elocuente en tanto que construye sus argumentos a partir de premisas pedagógicas que explican con mucha claridad los derechos y principios que fueron conculcados por la norma impugnada. Asimismo, la forma en que ejecuta el test de escrutinio estricto no deja lugar a dudas de que la disposición civil es inconstitucional y genera *per se* una discriminación indirecta.

Otro gran acierto que me parece de lo más relevante es que coloca el derecho al libre desarrollo de la personalidad dentro del derecho humano a la dignidad, contrario a lo que sostuvo la Primera Sala cuando resolvió el amparo en revisión 237/2014.[131] La relevancia de este acierto es que a veces la Corte funcionando en Pleno o Salas pareciera confundir donde se sitúan cierta clase de derechos que, como todos sabemos, tienen distintas naturalezas e incluso su reconocimiento puede provenir de una fuente endógena o exógena.

En la acción de inconstitucionalidad que ahora se analiza críticamente, el Pleno de la Corte establece un criterio armónico y uniforme respecto a cómo se debe entender un tipo de libertad residual como lo es el libre desarrollo de la personalidad, y bajo mi análisis no hay forma de entender los derechos humanos y/o los derechos fundamentales si no es a través de la dignidad humana que se proyecta en todos los ámbitos de la vida de las personas, cuyo efecto permea, irradia, ilumina e informa a todo el sistema jurídico o normativo ya sea por creación, ejecución o interpretación.

Otro atino en la sentencia es la concepción que le da la Corte al principio de interés de la niñez, pues «este principio al adoptar la forma externa de un derecho»[132] como lo reconoce la sentencia, lo transmuta más allá de un mandato de optimización que

131 Amparo en Revisión 237/2014, pág. 29, § segundo.

132 *Cfr.* Prieto Sanchís, Luis. El Constitucionalismo de los Derechos. [coord.] Miguel Carbonell. *Neoconstitucionalismo*. Ciudad de México: Centro de Estudios Jurídicos Carbonell, A. C., 2017, pág. 159.

depende de posibilidades fácticas, para colocarlo de lleno en un plano como un derecho exigente de una mínima garantía y eficacia de cumplimiento.

Por último, es también un gran acierto establecer los lineamientos mínimos que debe tener la codificación civil para expedir o rectificar las actas de nacimiento de acuerdo con la autopercepción de la identidad sexual y de género, así como el establecimiento del procedimiento sumario vinculante para el Congreso de Puebla, pues es una forma de asegurar la plena eficacia de los derechos de las adolescencias e infancias trans.

III. Conclusiones

Sin lugar a dudas, la sentencia que resolvió la acción de inconstitucionalidad 73/2021 podemos considerarla como una sentencia emblemática o paradigmática, porque dota de un alto contenido los derechos de las adolescencias e infancias trans en su reconocimiento de identidad sexual, de género y de ser tratados de manera igual, sin discriminación.

No obstante lo anterior, también la sentencia tiene algunas deficiencias, en cuanto que no estableció un diálogo jurisprudencial al máximo nivel con relación a dos casos resueltos por la Corte Interamericana de Derechos Humanos. Por supuesto, las opiniones consultivas, a mi consideración, forman parte del Parámetro de Control de Regularidad Constitucional, pero al no ser un caso contencioso, habría sido valioso incorporar la interseccionalidad de la discriminación en los casos *Gonzáles Lluy vs. Ecuador* y *Ramírez Escobar vs. Guatemala*, pues las particularidades del caso en ambos precedentes del tribunal regional daban pauta para que la Suprema Corte los recogiera e incorporara en su sentencia, en aras de una mayor integrabilidad entre sistemas.

De la misma forma, la *obiter dicta* en este medio de control de constitucionalidad tenía una amplia gama argumentativa cuyo efecto sería ir trazando algunas pautas a futuro para servir como un precedente, pues aún queda muchísimo por hacer para continuar ampliando y protegiendo los derechos de la diversidad sexual, especialmente de las infancias y adolescencias trans, que por su edad pueden verse mayormente dificultadas en el ejercicio y goce de sus derechos.

No pasa inadvertido para quien ofrece este análisis crítico que uno de los aspectos más importantes de la sentencia que resolvió la acción de inconstitucionalidad 73/2021 radica en que sirvió como precedente para resolver la acción de inconstitucionalidad 132/2021,[133] resuelta en la sesión del 13 de junio de 2023; las acciones de inconstitucionalidad 72/2022, 174/2021, y 124/2021, resueltas en la sesión del 15 de junio de 2023;[134] las acciones de inconstitucionalidad 43/2022 y su acumulada 47/2022, y la acción de inconstitucionalidad 45/2021, resueltas en la sesión del 19 de junio de 2023,[135] todas ellas por presentar problemas de constitucionalidad similares en donde normas codificadas civiles en Baja California Sur, Jalisco, Oaxaca, Estado de México, Baja California y Sonora, generaban una discriminación contra las infancias y adolescencias trans al impedirles obtener actas de nacimiento o rectificaciones de las mismas por no tener una edad determinada.

Por último, espero ver el día en que el Estado mexicano se adhiera a los Principios de Yogyakarta, aunque este documento no tenga —por el momento— rango de tratado internacional.

133 Al momento en que se elabora el presente trabajo [20 de junio de 2023], el engrose está pendiente, pero se deja la liga al comunicado de prensa 208/2023 emitido por la Suprema Corte de Justicia de la Nación: https://www.internet2.scjn.gob.mx/red2/comunicados/noticia.asp?id=7394

134 Liga al comunicado de prensa 213/2023 emitido por la Suprema Corte de Justicia de la Nación, puesto que el engrose aún no se elabora a la fecha en que se realizó el presente análisis crítico: https://www.internet2.scjn.gob.mx/red2/comunicados/noticia.asp?id=7399

135 Liga al comunicado de prensa 216/2023 de la Suprema Corte de la Nación, en razón de que el engrose de las acciones de inconstitucionalidad aún no se hace: https://www.internet2.scjn.gob.mx/red2/comunicados/noticia.asp?id=7402

IV. Fuentes de consulta y referencias

1. Comisión Interamericana de Derechos Humanos. *Violencia contra personas LGBTI.* 2015.
2. Maclú Zorrero, Linda Helena. Igualdad y no discriminación. [coord.] Edgar S. Caballero González. *Diccionario Práctico de Derecho Constitucional.* Ciudad de México: Centro de Estudios Jurídicos Carbonell, A. C., 2020.
3. Maldonado Méndez, Erika Verónica. *Reconocimiento jurídico de la infancia y adolescencia transgénero en México.* 73, México: s. n., 13 de Febrero de 2023, Revista del Instituto de Investigaciones Jurídicas de la UNAM.
4. Niembro Ortega, Roberto. Introducción. *La argumentación constitucional de la Suprema Corte. A diez años de la reforma de derechos humanos.* México: Instituto de Estudios Constitucionales del Estado de Querétaro, 2021.
5. Prieto Sanchís, Luis. El Constitucionalismo de los Derechos. [coord.] Miguel Carbonell. *Neoconstitucionalismo.* Ciudad de México: Centro de Estudios Jurídicos Carbonell, A. C., 2017.
6. *Constitución Política de los Estados Unidos Mexicanos.*
7. *Convención Americana sobre Derechos Humanos.*
8. Caso Gonzales Lluy y otros *vs.* Ecuador. Excepciones Preliminares, Fondo, Reparaciones y Costas. Sentencia de 01 de septiembre de 2015. Serie C No. 298.
9. Caso Ramírez Escobar y otros *vs.* Guatemala. Fondo, Reparaciones y Costas. Sentencia de 9 de marzo de 2018. Serie C No. 351.
10. Amparo en revisión 237/2014.

11. Tesis 1a. X/2022 (10a.). Fuente: Gaceta del Semanario Judicial de la Federación. Libro 11, Marzo de 2022, Tomo II, página 1724.
12. Principios de Yogyakarta.
13. Acciones de inconstitucionalidad 132/2021, 72/2022, 174/2021, 124/2021, 43/2022 y su acumulada 47/2022, y 45/2021.
14. Unidad General de Conocimiento Científico y Derechos Humanos de la Suprema Corte de Justicia de la Nación. Glosario de Derechos Humanos. «Categorías Sospechosas». Twitter.

Ensayo sobre los derechos de seguridad jurídica

Lex scripta.
Lex praevia.
Lex certa.
Lex stricta.

Sumario

I. Introducción

Para entender la importancia del derecho a la seguridad jurídica o los derechos que comprenden la seguridad jurídica, resulta indispensable hacer un análisis histórico-jurídico desde la época romana hasta la actualidad para dar cuenta de cómo fue desarrollándose las ideas de este derecho y los modelos jurídicos que se han conformado en torno a él, con especial atención en el derecho penal, en el derecho administrativo sancionador,[136] y en el derecho administrador sancionador electoral;[137] estas dos últimas con sus respectivas modulaciones en relación al *ius poenale.*

No es dable, en este breve trabajo que se ofrece, emprender un análisis minucioso de las razones que llevaron a la humanidad a considerar especialmente valiosa la seguridad jurídica. Basta decir, que el absolutismo de los monarcas y la aristocracia que afectó a la población en Europa, permeó también a todo ser humano asentado en el continente americano colonizado, al punto de que franceses y pobladores de las colonias inglesas —principalmente—, hastíos del tratamiento recibido por sus gobernantes, emprendieron sendas revoluciones liberales, y se llaman liberales porque buscaron liberarse de la opresión; el abuso y la arbitrariedad.

Para efectos de fijar la importancia que le dieron aquellas personas a lo que hoy denominamos derechos de

136 Jurisprudencia P./J. 99/2006, con número de registro digital 174488. Fuente: Semanario Judicial de la Federación y su Gaceta. Tomo XXIV, Agosto de 2006, página 1565.

137 Tesis XLV/2002, de la Sala Superior del Tribunal Electoral del Poder Judicial de la Federación. Fuente: Justicia Electoral. Revista del Tribunal Electoral del Poder Judicial de la Federación, Suplemento 6, Año 2003, páginas 121 y 122.

seguridad jurídica, basta con leer algunas porciones atinentes en sus respectivas Declaraciones:

> [...] el pueblo tiene el derecho [...] a organizar sus poderes en la forma que a su juicio ofrecerá las mayores probabilidades de alcanzar su seguridad y felicidad.[138]
>
> Artículo 16. Toda sociedad en la cual la garantía de los derechos no está asegurada, ni determinada la separación de los poderes, carece de constitución.[139]

De esta guisa, una interpretación gramatical y teleológica nos indica la gran valía que esas Declaraciones dieron a los derechos y a la seguridad, es de aquí que considero nace —aunque de manera un tanto primitiva y endeblemente estructurado— el derecho a la seguridad jurídica; un bien jurídico que fue extremadamente violentado en la antigüedad durante el esclavismo; por las coronas europeas e inclusive hoy en día también transgredido por los gobiernos actuales.

Circunscribiendo los antecedentes desde un matiz extremadamente tenue, el objetivo de este ensayo es plasmar una nueva forma de entender y concebir la dogmática más general del derecho de seguridad jurídica, haciéndolo más coherente y uniforme a la realidad actual de las exigencias normativas constitucionales cada vez más expansivas que se proyectan a todas las ramas del derecho.

138 Declaración de Independencia de los Estados Unidos de América, del 4 de julio de 1776.
139 Declaración de los Derechos del Hombre y del Ciudadano, 26 de agosto de 1789 en Francia.

II. El derecho de seguridad jurídica; una nueva propuesta de concepción

Son tres los altos valores que se proyectan como directrices del ideal Estado constitucional de derecho: «la separación de poderes, la certeza del derecho»,[140] y la incorporación de los derechos humanos como fuente de todo el sistema jurídico, y en el cual el Estado y los particulares están obligados a actuar con base en su respeto, promoción, garantía y protección.

Ahora bien, no puede soslayarse el hecho de que —equivocadamente a mi juicio— a la seguridad jurídica se le da un tratamiento diferenciado indistintamente de la materia, a saber: en ocasiones se le concibe como un principio,[141] otras veces se le interpreta como una garantía,[142] por momentos es entendido como un derecho pero de naturaleza instrumental,[143] o se le llega a percibir como un auténtico derecho sustantivo.[144] No obstante lo último señalado, existen juristas que consideran que el derecho de seguridad jurídica, *per se*, no resulta tan valioso para el sistema jurídico o piensan que tiene un menor grado de importancia frente a otro tipo de derechos.

En mi opinión, es erróneo continuar considerando que la seguridad jurídica es un principio o una garantía, o un derecho

---

140 *Cfr.* Comanducci, Paolo. Modelos e interpretación de la Constitución. [coord.] Miguel Carbonell. *Neoconstitucionalismo.* Ciudad de México: Centro de Estudios Jurídicos Carbonell, A. C., 2017, pág. 82.

141 Tesis 1a. LIX/2009, con número de registro digital 167330. Fuente: Semanario Judicial de la Federación y su Gaceta. Tomo XXIX, abril de 2009, página 595.

142 *Vid.* Suprema Corte de Justicia de la Nación. *Las garantías de seguridad jurídica.* Segunda edición. 2015. pág. 12.

143 Suprema Corte de Justicia de la Nación, amparo directo en revisión 4223/2021, foja 59, párr. 107.

144 Tesis 1a. CXCIX/2015 (10a.), con número de registro digital 2009351. Fuente: Gaceta del Semanario Judicial de la Federación. Libro 19, junio de 2015, Tomo I, página 597.

de *ontología* meramente instrumental como tradicionalmente se ha venido haciendo. La seguridad jurídica ha pasado de ser un principio y una garantía para «adoptar la forma externa de un derecho»[145] a tal grado que su evolución en la nueva forma de entendimiento que en este ensayo propongo, se le debe situar junto a los derechos de igualdad y libertad, que en su conjunto conforman lo que yo llamaría la tríada sobre la que descansa la dignidad humana.

Océanos de tinta se han empleado y empeñado en explicar y desarrollar la seguridad jurídica de manera tal que «el derecho penal [...] ha sido objeto de cambios de gran repercusión para la seguridad jurídica».[146] Es decir, preponderantemente el estudio de este derecho ha sido bajo el crisol de la materia penal y más actualmente en otras materias donde se halle presente el *ius puniendi* del Estado. Sin embargo, considerando que «los derechos todo lo inundan»,[147] el derecho que ahora nos ocupa muestra y promete proyectarse y permear todos los ámbitos del derecho.

Así, tenemos que el derecho de seguridad jurídica si bien tiene su fundamento constitucional principalmente en los artículos 14 y 16 de la Constitución que distinguen y autorizan los actos privativos y los actos de molestia, respectivamente, el derecho de seguridad jurídica tiene un alcance absoluto y no instrumental. Por ejemplo, la Suprema Corte de Justicia de la Nación ya ha comenzado a dar ciertos atisbos de ir dándole la estructura de derecho sustantivo y no meramente instrumental.[148]

Para ejemplificar la manera en cómo podría proyectarse este derecho en la concepción que se propone que tenga pleno reconocimiento como derecho sustantivo, transcribiré el

145 *Cfr.* Prieto Sanchís, Luis. El Constitucionalismo de los Derechos. [coord.] Miguel Carbonell. *Neoconstitucionalismo.* Ciudad de México: Centro de Estudios Jurídicos Carbonell, A. C., 2017, pág. 159.

146 Valadés, Diego. La Constitución y sus grandes temas. [coord.] Jorge Fernández Ruiz. *Derecho Administrativo.* Ciudad de México: Instituto de Investigaciones Jurídicas de la UNAM, 2016, pág. 28.

147 Prieto Sanchís, *op. Cit.* pág. 142.

148 Acción de inconstitucionalidad 11/2022, págs. 5, 21 y 23.

artículo 39 constitucional que, como se sabe, no comporta aspectos atinentes a derechos humanos, sino que este numeral es de índole orgánico-político:

> Artículo 39. La soberanía nacional reside esencial y originariamente en el pueblo. **Todo poder público dimana del pueblo y se instituye para beneficio de este…**[149]

¿En esta porción del artículo 39 constitucional se encuentra presente el derecho de seguridad jurídica? La respuesta es sí, y podemos ver este derecho en forma de metamandato de rango constitucional. «Para que la gente esté en posibilidad real de tener esa certeza y seguridad otorgadas por el derecho las normas deben ser claras y darse a conocer, y el Estado debe asimismo cumplir sus propias normas y hacerlas cumplir».[150]

Para este ejemplo, la certeza del derecho funciona en que se tiene la seguridad de que la actuación del poder público se instituye en beneficio del pueblo pues de este dimana aquel. Dicho en otras palabras, aquí la seguridad jurídica se proyecta en un vórtice de jerarquía normativa sustantiva porque da la seguridad de que el poder público se va a instaurar para beneficiar al pueblo, las prácticas de los agentes estatales son otra historia, por lo mientras aquí tenemos un claro ejemplo de cómo la seguridad jurídica marca la guía y directriz dando certeza al elemento humano nacional en su relación con el elemento político nacional desde una vertiente política y no desde un matiz penal, por ejemplo. Así, la proyección de la seguridad jurídica trasciende de lo formal y materialmente jurídico, para entrar como la nueva gran protagonista desde la disciplina política hasta alcanzar a la democracia, particularmente de los procesos de esta última.

---

149 [El énfasis es añadido].

150 Salinas Garza, Juan Ángel. *Introducción al Estudio del Derecho.* Ciudad de México: Tirant lo Blanch, 2021. pág. 54.

Por otro lado, tomando como elemento de sustento la doctrina de la «Constitución viva» se coincide plenamente en que «los puntos más espinosos de la doctrina de la "constitución viviente" son el poco apego que profesa a la seguridad jurídica —al menos, en el sentido tradicional de ella—».[151] Este breve pero significativo enunciado del Maestro Sagües nos indica que debemos ir mirando más allá del sentido tradicional de la seguridad jurídica para darle contenido y reconocimiento como pleno derecho fundamental sustantivo.

En este mismo sentido, también el Maestro Luigi Ferrajoli ha dado cuenta que el Principio de Legalidad [que se encuentra inmerso dentro del derecho a la seguridad jurídica] ha dado pautas de entrar en una crisis,[152] puesto que mientras nuevos tipos de derechos fundamentales aparecen ya sea por creación normativa o estructuración jurisprudencial, tanto la doctrina, la jurisprudencia y la ley se han olvidado del derecho a la seguridad jurídica como derecho también susceptible de ser nuevamente concebido o darle una maximización en su entendimiento, pero pareciera que simplemente se cree que todo lo que se tiene y se puede decir de la seguridad jurídica ya se dijo o se debe limitar a la materia penal y, en su caso, a algunas otras o actos administrativos, concepción que no solo no se comparte sino que se combate.

No procede aquí ensayar ni plantear alguna cuestión atinente al Principio de Legalidad de manera más sustantiva y profunda, pero cuando menos, permítaseme hacer alusión a una importante concepción doctrinal:

> Los derechos fundamentales de legalidad y seguridad jurídica otorgan certeza al gobernado para que su persona,

---

151 Sagües, Néstor Pedro. *La Constitución Bajo Tensión*. Querétaro: Instituto de Estudios Constitucionales del Estado de Querétaro, 2016. pág. 41.

152 *Cfr*. Ferrajoli, Luigi. *Derechos y garantías. La ley del más débil*. Cuarta. Madrid: Trotta, 2004. pág. 17.

> bienes y posesiones sean protegidos y preservados de cualquier acto lesivo que, en su perjuicio, pudiera generar el poder público, sin mandamiento de autoridad competente, fundado, motivado y acorde con los procedimientos en los que se cumplan las formalidades legales.[153]

La doctrina ya comienza a dar avistamientos de concebir —como tiene que ser— a la seguridad jurídica y la legalidad como derechos fundamentales, lo cual implicará un análisis tendiente a desarrollar estos derechos de forma más pormenorizada y cuidadosa tanto la academia como por los órganos estatales.

La seguridad jurídica tiene que ser concebida como un auténtico derecho fundamental ubicado en el pináculo de la fuente de jerarquía normativa al estatuirse más allá de un derecho instrumental o, peor aún, como un principio de optimización cuya realización dependería de cuestiones meramente fácticas.

La seguridad jurídica, analizada desde el punto de vista constitucional, se erige como un plexo en que la certeza ya no solamente permea en el derecho de determinada rama, sino que su efecto ilumina e informa a todo el sistema jurídico y a todas las materias del derecho como quedó demostrado con el ejemplo del artículo 39 constitucional. Por lo tanto, la seguridad jurídica ya no puede depender formal ni materialmente de circunstancias, y tampoco su grado de realización deberá ser lo más alto posible que se pueda lograr, sino que su contenido nuclear debe cumplirse *iuris et de iure.*

Es importante hacer hincapié que replantear la seguridad jurídica como tradicionalmente se ha venido entendiendo supone retos importantes en el gremio jurídico casi siempre reticente a los cambios paradigmáticos, y también no se está exento de

153 Cruz Muciño, Miguel Angel, y otros. V. Derecho a la Legalidad y Seguridad Jurídica. [coords.] Baruch F. Delgado Carbajal y María José Bernal Ballesteros. *Catálogo para la calificación de violaciones a derechos humanos*. Segunda edición: Comisión de Derechos Humanos del Estado de México, 2016, pág. 127.

enfrentar problemas al momento de articular esta nueva manera de analizar y entender este derecho humano.

Lo que definitivamente ya no es loable es seguir entendiendo a la seguridad jurídica como un principio, pues eso supondría, *verbi gratia*, considerar la mínima posibilidad de que la retroactividad de la ley en perjuicio de alguien podría modularse o que un acto de molestia carentes de fundamentación o motivación fuera susceptible de ser aceptado debido a sus circunstancias particulares en que fue emitido. Identificar a la seguridad jurídica más como derecho humano que como un principio, vendría a suponer una nueva forma de concebir al constitucionalismo de los derechos y el efecto que tiene la positivización de los mismos en su efectivización.

Tampoco es posible denominarlo derecho instrumental, pues a mí parecer llamarlo de esta manera es meramente un eufemismo jurídico que solamente sirve para no llamarlo garantía de seguridad jurídica, lo cual como se ha desarrollado en el presente trabajo no corresponde más a la realidad actual ni al constitucionalismo de los derechos ni a la transmutación de principios en auténticos derechos.

En este corolario, la seguridad jurídica puede verse a la luz de dos concepciones: (i) como fuente de estabilización y certeza del individuo frente al Estado, y (ii) como metamandato constitucional que produce un mandamiento dirigido al poder público que no admite posibilidad fáctica de cumplimiento, sino que este debe ser totalmente pleno y completo; además de actuar con base en una interesante característica, pues en nuestro sistema jurídico la seguridad jurídica tiene la curiosa peculiaridad de que es fluctuante pues se encuentra principalmente en los artículos 14 y 16 de la Constitución como un estamento que «configura, ordena y racionaliza el poder público [...] para la defensa de la libertad [...] en el marco del Estado social y democrático de derecho tiene como presupuesto necesario, más allá de la igualdad formal, la igualdad material».[154]

Esta hipótesis de entendimiento de la seguridad jurídica como un metamandato fluctuante entre los artículos 14 y 16 de nuestra ley fundamental, se basa principalmente en que la autoridad solamente puede hacer aquello que le está permitido, y en ese entendido las personas sabemos lo que el poder público puede o no puede hacer. Así, continuar entendiendo y tratando a la seguridad jurídica como un mero principio restaría valor a los mandatos del orden constitucional y tendríamos que aceptar que los actos de la autoridad pueden admitir grados o intensidades en el cumplimiento de lo que la Constitución ordena se realice.

Por otra parte, no puede pasar desapercibido que la seguridad jurídica como derecho humano debe admitir alguna metodología de adjudicación constitucional, sobre todo al momento de realizar un contraste entre este derecho y actos de autoridad o disposiciones infraconstitucionales; esto se explica a la luz de que

> ... la constitución se sitúa en el vértice de la jerarquía de fuentes y, además, modifica cualitativamente esa jerarquía, [...] la constitución informa por sí misma a todo el sistema: por ejemplo, toda la legislación es entendida como actuación de la constitución y se interpreta a la luz de la constitución.[155]

154 García Morales, Verónica Yasmín. Principio de Legalidad en el Derecho Administrativo Sancionador. [coords.] Manuel Jiménez Dorantes y Oswaldo Chacón Rojas. *Derecho Administrativo Sancionador. Algunas miradas desde sus principios.* Ciudad de México: Tirant lo Blanch, 2021, pág. 61.

155 Comanducci, Paolo. Modelos e interpretación de la Constitución. [coord.] Miguel Carbonell. *Neoconstitucionalismo.* Ciudad de México: Centro de Estudios Jurídicos Carbonell, A. C., 2017, pág. 73.

De esta forma, considero que el examen de previsibilidad utilizado por el Tribunal Europeo de Derechos Humanos y por la Corte Interamericana de Derechos Humanos, sería el método que, en mi opinión, resultaría el más idóneo y adecuado para las tareas que le corresponde desarrollar al derecho a la seguridad jurídica, sin que esto sea óbice para la aplicabilidad de alguna otra técnica de adjudicación constitucional o método de interpretación.

De tal forma, para saber la determinación de satisfacción, insatisfacción, menoscabo o violación del derecho que hemos estado analizando, considero que es perfectamente compatible la creación de un sistema metodológico que empleé la previsibilidad jurídica[156] en consonancia con los principios de *lege promulgata; lege manifiesta; lege plena; lege stricta; lege previa; y lege perpetua.*[157]

---

156 *Seguridad jurídica y previsibilidad.* Lifante Vidal, Isabel. 36, Alicante: Doxa, 2013, Cuadernos de Filosofía del Derecho, págs. 85-105. https://doi.org/10.14198/DOXA2013.36.04

157 *Vid.* Carbonell, Miguel. *Teoría de los Derechos Humanos y del Control de Convencionalidad.* Ciudad de México: Centro de Estudios Jurídicos Carbonell, A. C., 2014. págs. 67-68.

III. Conclusiones

La seguridad jurídica es una de las más valiosas conquistas de la humanidad en y para el derecho. «Se manifestó desde la libertad de los antiguos, que sustentó a la sociedad estamental a través del privilegio y la impunidad del poder, transitando a la libertad de los modernos, que garantizó los derechos de los ciudadanos ante la Ley».[158]

Hoy, la expansión de los derechos fundamentales, así como el efecto del derecho internacional de los derechos humanos en las Constituciones como la máxima expresión de la voluntad del pueblo, nos obligan a replantear lo que se creía pétreo e inmovible para dar paso a la «Constitución viva» en un sentido amplio.

La forma de concepción del derecho a la seguridad jurídica aquí propuesta y defendida, desde luego requiere un estudio mucho más minucioso y exhaustivo que un ensayo. No obstante, las grandes conquistas del derecho comienzan siempre con ideas que luego se plasman en papel en la forma de Declaraciones o manifiestos, por citar algunos ejemplos.

Este ensayo busca poner sobre la mesa si es plausible y correcto seguir tratando a la seguridad jurídica como un principio, una garantía o simplemente un derecho instrumental. Desde mi perspectiva ninguna de las tres concepciones tiene ya cabida en la constitucionalización de los derechos; por el contrario, la forma en cómo se están comportando diversos órganos del Estado a nivel mundial invitan a darle forma de derecho sustantivo pleno a la seguridad jurídica, además de que bajo mi perspectiva se

158 *Cfr.* García Morales, *op. Cit*, pág. 46.

le ha quedado a deber al no colocarle en la misma importancia de rango que al derecho de igualdad y al derecho de libertad.

Para el autor de este brevísimo trabajo ensayístico, la trinidad sobre la cual descansa y se proyecta la dignidad humana radica justamente en los derechos de libertad, igualdad y seguridad jurídica, pues estos permean todos los ámbitos de la vida y sostienen en gran parte el andamiaje jurídico; su potencia es de tal grado y extremo que no existe rama del derecho que no se vea imbuida por estos derechos indistintamente de la intensidad o grado, llegando inclusive a manifestarse en la política aunque, por supuesto, en una forma mucho más difusa.

El derecho de seguridad jurídica continuará interactuando y desarrollándose en el campo del derecho penal —eso es indubitable—, pero bajo la concepción que aquí se propone y con los nuevos aportes que al respecto se realicen, su dinamismo alcanzará un efecto irradiador y maximizador a todas las ramas del derecho con una mayor potencia a la que tiene ahora, y cobrará una gran relevancia para la democracia constitucional ya sea por la preservación de los valores democráticos o la defensa de los mismos.

IV. Fuentes de consulta y referencias

1. *Constitución Política de los Estados Unidos Mexicanos.*
2. *Declaración de Independencia de los Estados Unidos de América.*
3. *Declaración de los Derechos del Hombre y del Ciudadano.*
4. Suprema Corte de Justicia de la Nación. *Las garantías de seguridad jurídica.* Segunda edición. 2015.
5. Carbonell, Miguel. *Teoría de los Derechos Humanos y del Control de Convencionalidad.* Ciudad de México: Centro de Estudios Jurídicos Carbonell, A. C., 2014.
6. Comanducci, Paolo. Modelos e interpretación de la Constitución. [coord.] Miguel Carbonell. *Neoconstitucionalismo.* Ciudad de México: Centro de Estudios Jurídicos Carbonell, A. C., 2017.
7. Cruz Muciño, Miguel Angel, y otros. V. Derecho a la Legalidad y Seguridad Jurídica. [coords.] Baruch F. Delgado Carbajal y María José Bernal Ballesteros. *Catálogo para la calificación de violaciones a derechos humanos.* Segunda edición: Comisión de Derechos Humanos del Estado de México, 2016.
8. Ferrajoli, Luigi. *Derechos y garantías. La ley del más débil.* Cuarta. Madrid: Trotta, 2004.
9. García Morales, Verónica Yasmín. Principio de legalidad en el derecho administrativo sancionador. [coords.] Manuel Jiménez Dorantes y Oswaldo Chacón Rojas. *Derecho Administrativo Sancionador. Algunas miradas desde sus principios.* Ciudad de México: Tirant lo Blanch, 2021.

10. *Seguridad jurídica y previsibilidad.* Lifante Vidal, Isabel. 36, Alicante: Doxa, 2013, Cuadernos de Filosofía del Derecho.
11. Prieto Sanchís, Luis. El constitucionalismo de los derechos. [coord.] Miguel Carbonell. *Neoconstitucionalismo.* Ciudad de México: Centro de Estudios Jurídicos Carbonell, A. C., 2017.
12. Sagües, Néstor Pedro. *La Constitución Bajo Tensión.* Querétaro: Instituto de Estudios Constitucionales del Estado de Querétaro, 2016.
13. Salinas Garza, Juan Ángel. *Introducción al Estudio del Derecho.* Ciudad de México: Tirant lo Blanch, 2021.
14. Valadés, Diego. La Constitución y sus grandes temas. [coord.] Jorge Fernández Ruiz. *Derecho Administrativo.* Ciudad de México: Instituto de Investigaciones Jurídicas de la UNAM, 2016.
15. Jurisprudencia P./J. 99/2006. Fuente: Semanario Judicial de la Federación y su Gaceta. Tomo XXIV, Agosto de 2006, página 1565.
16. Tesis 1a. CXCIX/2015 (10a.). Fuente: Gaceta del Semanario Judicial de la Federación. Libro 19, Junio de 2015, Tomo I, página 597
17. Tesis 1a. LIX/2009. Fuente: Semanario Judicial de la Federación y su Gaceta. Tomo XXIX, Abril de 2009, página 595.
18. Amparo directo en revisión 4223/2021.
19. Acción de inconstitucionalidad 11/2022.
20. Tesis XLV/2002. Fuente: Justicia Electoral. Revista del Tribunal Electoral del Poder Judicial de la Federación, Suplemento 6, Año 2003, páginas 121 y 122.

Análisis sobre las principales destrezas que deben desarrollar los abogados en materia de oralidad procesal

*A **Enrique, Jorge** y **Patricia;** hermanos y colegas de profesión, gracias por tantos años de hermandad. A mis amigas **Alizzarine** y **Diana**, por su sincera amistad.*

Sumario

I. Introducción

Una persona dedicada a ejercer la abogacía, indudablemente debe contar con ciertas y muy desarrolladas capacidades para poder desempeñar de manera correcta, adecuada y eficiente su labor.

Dentro del cúmulo de destrezas que un abogado —a mi juicio— debe poseer en procesos donde impere la oralidad como principio rector, podemos citar las siguientes: (i) ser un buen orador, (ii) saber negociar, (iii) tener la capacidad de escuchar, (iv) ser ético y leal, (v) conocer las técnicas para interrogar y contrainterrogar, (vi) tener pericia en la investigación, (vii) dominar el manejo de la evidencia para su incorporación como prueba dentro del proceso, (viii) aplicar los métodos de la argumentación jurídica, (ix) disponer de una alta capacidad analítica, y (x) preparar con diligencia y cuidado su caso.

Ahora bien, no es posible pronunciarnos aquí y en este momento sobre las razones del por qué se deben desarrollar [con mayor o menor ahínco] cada una de las destrezas enunciadas en el párrafo anterior, y algunas otras más que probablemente me haya faltado citar.

Sin embargo, atendiendo a la observación de ciertas deficiencias que se advierten en la mayoría de los colegas —incluido yo, por supuesto, ya que no soy un litigante perfecto ni mucho menos infalible—, este modesto trabajo únicamente se ocupará en explicar los motivos por los cuales considero altamente valioso que una persona dedicada al ejercicio práctico del derecho desarrolle con mayor profundidad las siguientes habilidades en tratándose de procesos donde la oralidad procesal se encuentre presente:

1. **Una oratoria efectiva:** Los abogados tienen que ser capaces de expresarse de manera clara y persuasiva ante el tribunal. Además, deben tener buena dicción, saber modular su voz adecuadamente y utilizar gestos y lenguaje corporal para reforzar su argumentación.
2. **Habilidades de interrogación:** Quien se dedique al derecho en materias donde se diriman litigios y se deba emplear la oralidad, se debe tener un alto grado de experticia para ejecutar interrogatorios eficaces para obtener información relevante de la persona a quien se le está aplicando un cuestionario. Esto implica hacer preguntas claras y específicas, mantener el control del interrogatorio y poder refutar respuestas inconsistentes o poco creíbles.
3. **La argumentación jurídica-interpretativa**. La argumentación es importante en la práctica jurídica especialmente en la oralidad procesal porque es la forma en que se presentarán y defenderán los casos ante los tribunales, aplicando una técnica argumentativa junto con un método de interpretación.

Me parece toral referir que el presente estudio no se centrará en la oralidad procesal exclusivamente en la materia penal,[159] pues eso sería muy limitativo en mi opinión. Por el contrario, un análisis desde una perspectiva más general sería mucho más generoso considerando que el estudio que ahora nos ocupa [la oralidad procesal] se proyecta a otras ramas del derecho[160] y no solamente al *ius poenale*.

---

159 Artículos 4°, 44 y 396, del Código Nacional de Procedimientos Penales.

160 Por ejemplo, **la materia civil y familiar** con los artículos 3° y 7°, fracción XIII, del Código Nacional de Procedimientos Civiles y Familiares; **la materia laboral** en el artículo 685, de la Ley Federal del Trabajo; **la materia mercantil** con el artículo 1390 Bis 2, del Código de Comercio o **la materia del derecho internacional de los derechos humanos** respecto al procedimiento oral establecido en el capítulo III que va del artículo 45 al 55, del Reglamento de la Corte Interamericana de Derechos Humanos.

II. Las principales destrezas que deben desarrollar los abogados en materia de oralidad procesal

II.1. Una oratoria efectiva

Una de las principales deficiencias que se pueden observar en las personas dedicadas al derecho en la práctica litigiosa donde la oralidad procesal sea un principio rector sobre el cual se dirimirá una determinada controversia, es que los abogados de las partes en conflicto tienen limitaciones —en algunos casos grandes y en otros pequeñas, —que les impide poder transmitir de manera correcta, completa, ecuánime y elocuente lo que quieren dar a conocer al tribunal de enjuiciamiento.

> La oratoria consiste en lograr que la gente se convenza por la fuerza de la razón y de la verdad, y se conmuevan por las emociones y sentimientos, ya que la palabra es un importante medio de comunicación, pero además, es una fuerza incontenible que puede conmover, conducir, orientar, convencer y educar.[161]

Tomando en cuenta la referencia citada, es posible sostener que la oratoria resulta imprescindible para que la oralidad procesal en la práctica jurídica sea exitosa. No obstante, me parece

161 Villafuerte Coello, Irma Candelaria. *Oratoria*. Estado de México: Red Tercer Milenio, S.C., 2012. pág. 13.

importante realzar que aunque «la oratoria se encuentra estrechamente vinculada con la argumentación jurídica»,[162] cada cual es distinta por cuanto a su propia y especial naturaleza y estructuración. Por tanto, la oratoria es completamente autónoma de la argumentación ya que obedece a distintas técnicas y métodos que el litigante debe dominar a la perfección.

De esta manera, el abogado litigante [parafraseando a Lee Bailey] es un constante orador que debe ser capaz de convencer; de conmover y de despertar en el juez los sentimientos que desee para que falle a su favor, pues cabe recordar que aun con su investidura jurisdiccional y la toga, estos elementos no privan a las juezas y jueces de ser seres humanos a quienes se les puede y debe persuadir con una buena técnica de oratoria.

II.2. Habilidades de interrogatorio

Una destreza que considero es de suma importancia desarrollar desde las aulas de las facultades universitarias y más aún ya en la práctica profesional, es la de realizar un interrogatorio eficiente y bien ejecutado por parte del abogado que esté desplegando el cuestionario indistintamente de la persona a quien se le esté interrogando, con sus respectivas modulaciones, desde luego.[163]

Dentro de su obra *Cómo se ganan los juicios. El abogado litigante*, Francis Lee Bailey resalta que la eficacia de un buen interrogatorio puede depender en gran medida de lo siguiente: «tener buena memoria, conocer las fases del interrogatorio, saber con

162 Pérez Moreno, Andrés J. Razonamiento jurídico: Una aproximación a través del pensamiento de Atienza. [coords.] Adolfo J. Sánches Hidalgo y José J. Albert Márquez. *Derecho y argumentación. Conflicto epistemológico y ontológico*. Valencia: Tirant lo Blanch, 2023, Undécimo, pág. 215.

163 En relación a esto, es posible afirmar que el tratamiento aunque siempre debe ser respetuoso hacia todas las personas, si admite cierto grado de rigor o exigencia dependiendo de si se está interrogando a nuestro testigo o al de la contraparte o si el testigo contrario es renuente, por dar algunos ejemplos.

mucha precisión lo que se busca al preguntar, y tener mesura para saber cuándo sí y cuándo ya no es necesario preguntar».[164]

Asimismo, el doctor Miguel Carbonell da una serie de recomendaciones que si bien van dirigidas completamente al ámbito penal, me parece perfectamente aplicables a cualquier materia donde esté presente la oralidad procesal como principio rector del procedimiento, a saber:

> (1) Dirigirse siempre con respeto al juez o tribunal; (2) Hablar con claridad y voz alta evitando muletillas; (3) Mantener contacto visual con el juzgador; (4) Evitar la lectura de documentos en audiencia; (5) Escuchar con atención a la contraparte; (6) Identificar fortalezas y debilidades del testigo, (7) Conducir al testigo a la parte que interesa; (8) Saber si se deben realizar preguntas abiertas o cerradas; (9) Tratar con respeto al testigo; (10) Utilizar apoyos visuales; (11) Controlar el tiempo de las intervenciones; y (12) Concentrarse en las pruebas durante la formulación de los alegatos.[165]

Esta serie de recomendaciones dadas tanto por Bailey como el doctor Carbonell, me parecen sumamente importantes. Basta ver alguna videograbación o asistir a una audiencia pública para advertir las deficiencias de las partes en el proceso y cómo es que no se realiza de manera adecuada el interrogatorio.

Por otro lado, resulta curioso si se me es permitida la expresión, que quienes mayormente realizan interrogatorios mal estructurados son los representantes sociales, y es que ellos deberían ser los expertos en las técnicas de interrogación y lo que puede ser objetable y no. Sin embargo, esto no sucede así y por

164 *Vid.* Lee Bailey, Francis. *Cómo se ganan los juicios. El abogado litigante.* [trad.] José Hurtado Vega. s. l.: Limusa, 1995. págs. 155-189.

165 *Vid.* Carbonell, Miguel. *Los Juicios Orales en México.* Ciudad de México: Porrúa, 2010. págs. 136-138.

cuestiones atinentes a un deficiente trabajo de las fiscalías es que se logra absolver a los culpables.

II.3. La argumentación jurídica-interpretativa

Dentro de las muy variadas habilidades que un litigante debe poseer en materia de oralidad procesal, sin lugar a dudas la argumentación es fundamental y elemental en su máxima expresión, pero no una argumentación en el sentido más general y amplio, sino la argumentación especializada en la rama del derecho.

En el campo de la ciencia jurídica es posible identificar, al menos, dos tipos de argumentación: la primera, una argumentación genérica aplicable a cualquier disciplina como la que refiere Anthony Weston; quien nos dice «argumentar significa ofrecer un conjunto de razones o de pruebas en apoyo de una conclusión»;[166] y la segunda, una argumentación jurídica-interpretativa en la que «se distinguen dos grandes tipos: la argumentación sobre normas o sobre el derecho, y b) la argumentación sobre hechos».[167]

Este tipo de argumentación jurídica-interpretativa es la que se va a ejecutar ya sea de manera escrita en donde contamos con más tiempo para elaborar las premisas y sacar conclusiones, o en un proceso oral donde por la naturaleza del propio proceso la exigencia en la calidad argumentativa es mucho mayor y requiere de un nivel de experticia y capacidad analítica en la toma de decisiones mucho más elevada que en la forma tradicional o escrita, ya que, aquí en la materia de la oralidad procesal, el tiempo de respuesta es significativamente menor; y esto funge tanto como un factor de presión extra aunado a que la argumentación

---

166 Weston, Anthony. *Las claves de la argumentación.* [trad.] Blanca Ribera de Madariaga. 11ª . Barcelona: Editorial Ariel, S. A., 1987. pág. 11.

167 Parcero Cruz, Juan A. VI. Argumentos jurídico-interpretativos. [coords.] Juan A. Parcero Cruz y Imer B Flores. *Teoría de la Argumentación Jurídica.* Ciudad de México: Tirant lo Blanch, 2021, pág. 211.

en procesos donde rija la oralidad como principio debe ir acompañada por una excelente retórica.

Es cardinal dejar en claro que existen abogados que son buenos oradores pero pésimos argumentativistas, también hay abogados que son muy buenos cuando estructuran sus argumentos pero no son capaces de expresarlos oralmente de la manera correcta, y también existen —desde luego y en el peor de los casos— los que no saben argumentar ni tienen idea de cómo hablar en público ni mucho menos exponer una teoría con las mínimas reglas y técnicas de la oratoria. Por esta simple, pero poderosa razón [como se dijo en la parte final del último acápite sobre la oratoria] no se debe confundir la oratoria con la argumentación y menos con la argumentación jurídica-interpretativa.

El punto de inflexión [y de reflexión] en este tema parte medularmente en que los argumentos jurídicos cuando son realizados en la oralidad de un proceso, suelen ser para el litigante un complejo problema, ya que en la mayoría de los casos no se tiene la habilidad desarrollada o esta se encuentra incompleta. Es debido a ello que considero demasiado importante que toda persona dedicada al derecho y a su práctica debe forzosamente adquirir conocimientos sobre argumentación jurídica; perfeccionar sus técnicas al momento de su aplicación y saber qué método de interpretación es el que se debe usar dependiendo de la materia y del caso en concreto.

Lograr esto tiene su costo pero también trae aparejados múltiples beneficios entre los que podemos citar, de menos, dos: (i) existen más posibilidades de ganar los juicios o procesos alternativos de solución de controversias y con ello ser referidos para ampliar la cartera de clientes, y (ii) el conocimiento de la argumentación jurídica-interpretativa incide directamente en no caer en paralogismos [falacias formales] o sofismas [falacias informales], lo cual a su vez permite identificar estas faltas para señalarlas y contrarrestarlas destruyendo así los argumentos falaces de la contraparte.

III. Conclusiones

No es un secreto para nadie el hecho de que existe una gran cantidad de abogados y abogadas —en su mayoría litigantes, pero no los únicos desde luego— que no han desarrollado ninguna competencia para los procesos orales o estas destrezas no han sido pulidos y explotados en su máxima potencia.

Ante un escenario en que cada vez los procesos para dirimir controversias incorporan la oralidad procesal como un principio rector en más y más materias del derecho, las destrezas de los abogados deben ir acordes a la realidad jurídica procesal. *Prima facie*, considerar que las destrezas aquí explicadas y las que no fue posible desarrollar son atinentes exclusivamente a quienes litigan y su especialización es el área penal, es una muy errónea y falsa consideración y afirmación.

En primer término porque esta concepción es *per se* extremadamente limitativa. En un segundo crisol de análisis, cualquier persona cuya profesión sea ejercer la abogacía está obligada a adquirir y desarrollar las destrezas que la oralidad procesal requiere, exige e impone, esto permitirá poder realizar una adecuada práctica profesional en beneficio de la sociedad. Además de lo anterior, quienes se dedican ya sea de manera parcial o de tiempo completo a la docencia cargan en sus hombros con una responsabilidad extra en la formación de las futuras generaciones de abogados en México.

De esta forma, considero especialmente valioso darle el mérito y reconocimiento que tiene desplegar una oratoria eficaz la cual es posible alcanzar a niveles óptimos a través de la práctica constante por medio de ejercicios autodidactas simulados o previos al desarrollo del procedimiento oral.

Las técnicas de interrogación son imprescindibles para dotar de fuerza a las pruebas que deban ser producidas para que se incorporen y valoren en el juicio, misma suerte pero en sentido inverso el contrainterrogatorio nos sirve para restarle credibilidad a la contraparte en la formulación de los hechos que intente probar.

Por último, la argumentación jurídica-interpretativa no es baladí en ninguna de las materias del derecho y mucho menos en aquellas donde el procedimiento descanse sobre la oralidad. En este sentido, en los juzgados y tribunales federales es cada vez más utilizado para resolver controversias el esquema argumentativo basado en el modelo de Stephen Toulmin.[168]

Si bien, la tramitación y substanciación del juicio constitucional hasta el momento sigue siendo tradicionalmente escrita, no debería descartarse que la oralidad procesal impregne todas las materias del derecho como lo ha venido haciendo. Por lo tanto, la humilde y respetuosa sugerencia es comenzar a analizar, aplicar y enseñar el modelo argumentativista de Toulmin, como uno de los que se considera altamente efectivos.

168 Véase *Ibid.*, pág. 293.

IV. Fuentes de consulta y referencias

1. Carbonell, Miguel. *Los Juicios Orales en México.* Ciudad de México: Porrúa, 2010.
2. Lee Bailey, Francis. *Cómo se ganan los juicios. El abogado litigante.* [trad.] José Hurtado Vega. s. l.: Limusa, 1995.
3. Parcero Cruz, Juan A. VI. Argumentos jurídico-interpretativos. [coords.] Juan A. Parcero Cruz y Imer B Flores. *Teoría de la Argumentación Jurídica.* Ciudad de México: Tirant lo Blanch, 2021.
4. Pérez Moreno, Andrés J. Razonamiento jurídico: Una aproximación a través del pensamiento de Atienza. [coords.] Adolfo J. Sánches Hidalgo y José J. Albert Márquez. *Derecho y argumentación. Conflicto epistemológico y ontológico.* Valencia: Tirant lo Blanch, 2023.
5. Villafuerte Coello, Irma Candelaria. *Oratoria.* Estado de México: Red Tercer Milenio, S.C., 2012.
6. Weston, Anthony. *Las claves de la argumentación.* [trad.] Blanca Ribera de Madariaga. Barcelona: Editorial Ariel, S. A., 1987.
7. Código de Comercio.
8. Código Nacional de Procedimientos Civiles y Familiares.
9. Código Nacional de Procedimientos Penales.
10. Ley Federal del Trabajo.
11. Reglamento de la Corte Interamericana de Derechos Humanos.

Ensayo sobre los derechos sociales en la Constitución mexicana y sus garantías procesales para efectivizarlos

A mis profesores y profesoras de maestría. Gracias por todas sus enseñanzas. Especialmente quiero agradecerle al Dr. ***Miguel Carbonell****, al Dr.* ***Luis Felipe Nava Gomar****, al Mtro.* ***Edgar S. Caballero González****, a la Mtra* ***Linda. Maclú Zorrero****, al Dr.* ***Erik Rauda****, y a la Mtra.* ***Carla Pratt Corzo****.*

Sumario

I. Introducción

El derecho en constante cambio y con su incesante dinamismo ha materializado nuevos tipos de derechos a los que se les denominó derechos sociales.[169] Este tipo de derechos relativamente novedosos —no en cuanto a su positivización constitucional se refiere, sino a los desarrollos doctrinales y jurisprudenciales que en torno a ellos se han venido construyendo—, conforman lo que en mi opinión es un nuevo paradigma de entender los derechos humanos en un núcleo duro, pero en la mayoría de las veces un tanto imprecisos; de su estudio muchos autores ya se han ocupado.

Dado el abundante tema que ahora nos ocupa, no es posible hacer un desarrollo introductorio más extenso, basta referir que el ensayo que ahora se ofrece busca analizar el desarrollo que han tenido los derechos sociales en el constitucionalismo mexicano, así como las garantías procesales existentes para su efectivización.

El marco analítico de este trabajo se conforma de los siguientes aspectos: En primer lugar, y de manera lacónica, hablaré de la Constitución mexicana promulgada en el año de 1917 y someramente del impacto que tuvo en la inspiración para las Constituciones de otras naciones del mundo.

Posteriormente, haré una comparativa de distintas fuentes de información para tener un marco de identificabilidad de los derechos sociales a la par que intentaré establecer su desarrollo y el de las garantías procesales que los hacen efectivos. Para

169 Para situarnos en el entendimiento, cuando en este trabajo se haga referencia a los derechos sociales se deberá entender que el análisis y estudio versará sobre los derechos económicos, sociales, culturales y ambientales (DESCA) en su conjunto.

finalizar, habré de señalar mis conclusiones respecto a un nuevo derecho social de tipo prestacional, y por último formularé un deseo.

II. Los derechos sociales en la Constitución mexicana y sus garantías procesales para efectivizarlos

II.1. La Constitución mexicana como modelo de Constitución con sentido social

Dentro del derecho constitucional mexicano y del derecho constitucional comparado es sobradamente sabido que la Constitución Política de los Estados Unidos Mexicanos promulgada el 5 de febrero de 1917, dio al mundo la primera declaración constitucional de los derechos sociales. La Asamblea Constituyente de 1916 al incorporar el contenido de los artículos 27 y 123 [referidos especialmente a los campesinos y obreros] reivindicó el sentido de dignidad de la humanidad y positivizó a nivel constitucional derechos pugnados de lo que hoy conocemos como la escuela del *ius* naturalismo.

El valor sustantivo de la promulgación de la Constitución Política de México se puede analizar a la luz de un triple efecto: i) Hizo concluir de manera formal —no así de forma material— las pugnas endógenas revolucionarias, ii) Otorgó un nuevo marco constitucional al país con una normatividad novedosa y paradigmática; y iii) Sirvió como modelo a otros Estados para incorporar derechos sociales a sus propias Constituciones, como a continuación nos señala Gamas Torruco:

> Terminada la Primera Guerra Mundial, la Constitución de la República Alemana, en 1919, es la primera

> constitución europea que se ocupó de los derechos sociales; se introdujeron el derecho al trabajo, a la educación y a los servicios sociales. En 1931, la Constitución de la República Española estableció derechos semejantes [...] La Constitución de la República de Irlanda de 1937 inscribió un verdadero capítulo económico, aún vigente hoy.[170]

No sobra decir que los autores europeos casi siempre analizan a los derechos sociales desde la perspectiva de la Constitución de Weimar, y que a partir de esta consideran que la constitucionalización de los derechos sociales tuvo su efecto expansivo en Europa. No obstante, lo cierto es que por tiempo la Constitución mexicana fue la primera en darle un sentido social a los derechos dentro de la propia ley fundamental.

De esta manera, objetivamente y sin vanagloriarnos, es loable afirmar que no hay Constitución política en el mundo que no haya tenido de forma directa o indirecta cierto grado de inspiración en la Constitución mexicana para la incorporación de los derechos sociales en sus textos constitucionales.

II.2. Los derechos sociales y sus garantías procesales

No resulta provechoso analizar el desarrollo de los derechos sociales en el constitucionalismo mexicano, si primeramente no se habla del ineludible hecho de que durante casi todo el siglo XX «la Constitución mexicana se encontraba sometida y subordinada a los ideales postrevolucionarios encarnados en el partido

170 Gamas Torruco, José. Comentario al artículo 25. *Derechos del Pueblo Mexicano. México a través de sus constituciones.* Ciudad de México: Porrúa, 2016, Vol. VIII, pág. 435.

político hegemónico gobernante y las decisiones adoptadas por el presidente en turno».[171]

Por lo anterior, en aquella época las garantías individuales pocas veces se cumplían y esto en menor grado en tratándose de los derechos sociales que no eran más que lo que muchos juristas han denominado como «derechos programáticos», «derechos de expectativas», «derechos aparentes» o «derechos prometidos».

Luis Prieto Sanchís retoma lo dicho por los autores Jiménez Campo y Garrido Falla, quienes respectivamente conceptualizan a los derechos sociales como: «declaraciones retóricas que por su propia vaguedad son ineficaces desde el punto de vista jurídico» y «conjunto de preceptos heterogéneos, cuyo rasgo común es el de enunciar una serie de objetivos necesarios de la acción del poder, al que la Constitución deja sin embargo una amplia libertad, no solo para escoger los medios, el modo y el tiempo de alcanzarlos, sino también y sobre todo para concretizarlos».[172]

Esta es la concepción que se tenía y que aún tienen todavía algunos juristas que no han analizado con detenimiento a los derechos sociales desde su eficacia ya sea por la vía de la disposición normativa o a través de las sentencias. Los derechos sociales suponen una problemática, sí, pero ya no son meramente enunciados constitucionales bien intencionados, sino derechos reconocidos y que verdaderamente se han efectivizado.

En mi opinión, son cinco las cuestiones detonantes en el pasado y futuro para el desarrollo de los derechos sociales y los derechos humanos en general: primero, la reforma constitucional al Poder Judicial en 1995; segundo, la reforma constitucional en materia del juicio de amparo y derechos humanos en 2011; tercero, el control de convencionalidad *ex officio* que deben hacer

171 *Cfr.* Niembro Ortega, Roberto. Introducción. *La argumentación constitucional de la Suprema Corte. A diez años de la reforma de derechos humanos.* México: Instituto de Estudios Constitucionales del Estado de Querétaro, 2021, págs. XXIII-XXIV.

172 *Vid.* Prieto Sanchís, Luis. El constitucionalismo de los derechos. [coord.] Miguel Carbonell. *Neoconstitucionalismo.* Ciudad de México: Centro de Estudios Jurídicos Carbonell, A. C., 2017, págs. 156-157.

los órganos judiciales; cuarto, la sentencia del Pleno de la Corte que resolvió la contradicción de tesis 293/2011; y quinto, la sentencia de la Suprema Corte funcionando en Pleno y que resolvió la contradicción de tesis 351/2014 [este precedente, en mi opinión tendrá un gran impacto por lo que resolvió la Corte en esa contradicción].

Por cuestión de metodología es necesario hacer un par de precisiones dentro de este apartado del ensayo: la primera, que los derechos sociales que se pretenden analizar en su desarrollo corresponden exclusivamente a los que se encuentran reconocidos explícita e implícitamente dentro de la Constitución Política de los Estados Unidos Mexicanos; y la segunda, que en virtud de lo anterior, aquí no se abordarán derechos sociales de fuente internacional aunque formen parte del parámetro de control de regularidad constitucional.

Ahora bien, no es baladí hacer referencia que las y los juristas al día de hoy siguen debatiendo sobre los derechos que conforman a esta especificidad denominada derechos sociales. A partir de este punto, comienzan ciertas problemáticas que encierran a esta tipología de derechos. **¿Cuáles y cuántos son los derechos sociales?** Contestar la pregunta parecería simple: conformar un listado ofrecería una respuesta.

Aunque hay que decir que esta tarea no resulta sencilla ni mucho menos es fácil, pues la conformación del elenco de los derechos sociales corresponderá al intérprete y a la identificación que haga respecto a los derechos, para posteriormente utilizando técnica epistémica y ontológica escindirlos por su naturaleza;[173] cuyo resultado daría lugar a un bloque de derechos civiles y políticos; otro tanto los que conforman los derechos sociales, y partiendo de esta derivación los que puedan corresponder de manera individual o colectivamente.

173 Cabe recordar que por mandato constitucional los derechos humanos son indivisibles e interdependientes. La escisión aquí realizada es únicamente para precisar los contornos de estudio del presente trabajo.

Respecto a la pregunta del párrafo anterior, las siguientes tablas ejemplifican cómo no existe uniformidad en establecer los derechos sociales y su número:

Tabla uno[174]	Tabla dos[175]	Tabla tres[176]
	Derecho a la alimentación	Derecho a la alimentación
	Derecho a la educación	Derecho a la educación
	Derecho a la huelga	
	Derecho a la justa distribución del ingreso y la riqueza	
Derecho a la salud	Derecho a la salud	Derecho a la salud
Derecho a la seguridad social	Derecho a la seguridad social	
Derecho a la vivienda	Derecho a la vivienda	Derecho a la vivienda
Derecho al agua	Derecho al agua	Derecho al agua
Derecho a un medio ambiente sano	Derecho al medio ambiente adecuado	Derecho a un medio ambiente sano
Derecho al trabajo	Derechos laborales y de trabajo digno	Derecho al trabajo
Derecho a la cultura	Derechos culturales	Derecho a la cultura
	Derechos de los consumidores	
	Derechos Económicos	
Derechos de las personas con discapacidad		

De esta comparativa en donde tres diferentes fuentes de información identifican distintos derechos sociales, supone un

174 Unidad General de Conocimiento Científico y Derechos Humanos. YouTube. *SCJN*. [En línea] 25 de Mayo de 2021. [Citado el: 23 de Octubre de 2023.] https://www.youtube.com/watch?v=Bl_1RvAnXdQ

175 Véase y *cfr*. Lugo Saucedo, Paloma, y otros. *Vadémecum de Derechos Humanos*. Ciudad de México: Tirant lo Blanch, 2019.

176 *Vid*. y *cfr*. Salgado Cipriano, Giovanni Alexander y Hernández, Porfirio Andres. Los derechos económicos, sociales y culturales. [ed.] Ana María Ibarra Olguín. *Curso de derechos humanos*. Ciudad de México: Tirant lo Blanch, 2022, págs. 749-752.

claro ejemplo de ciertas problemáticas inherentes a este tipo de derechos humanos.

Ahora, si la mera tipificación de los derechos sociales ya resulta un primer problema a abordar, con mucha más razón podemos inferir que su conceptualización; el marco de sus contornos externos e internos, o su contenido nuclear suponen mayores obstáculos y problemas al momento de que los órganos constitucionalmente obligados deban delimitarlos, efectivizarlos o justiciarlos, razón por la que algunos doctrinarios anteriormente los catalogaban como meras promesas, concepción que aún persiste en buena parte de los juristas.

Así, con la advertencia de lo problemático que resultan los derechos sociales con todo y ello es posible analizar su desarrollo constitucional. Si bien, antes me es necesario establecer un par de pasos en la conformación de este tipo de derechos cuando menos de forma genérica, ya que no es posible desarrollarlos con mayor ahínco en este ensayo, pero que me parecen importantes enunciar para dotar de contenido a este trabajo:

Primero, el derecho humano aparece y adopta las características de ser un derecho de tipo social. En este sentido, debe entenderse que el derecho ha aparecido en la realidad y ya ha sido identificado.

Segundo, después de que se le ha reconocido el carácter de derecho humano social, se tiene que positivizar al incorporarse en la Constitución o algún instrumento internacional para entonces pasar a denominarse derecho fundamental cuyo cumplimiento se vuelve exigible.

A su vez, comporta resaltar que los derechos sociales por su propia y especial naturaleza en su estructuración y contenido normativo son «normas programáticas y de "eficacia diferida"».[177] Una vez que se ha reconocido el contorno externo de los

177 Guastini, Riccardo. Sobre el concepto de constitución. [coord.] Miguel Carbonell. *Neoconstitucionalismo*. Ciudad de México: Centro de Estudios Jurídicos Carbonell, A. C., 2017, pág. 51.

derechos sociales en su ontología, podemos proceder a estatuir su desarrollo constitucional y posteriormente las garantías procesales para su cumplimiento.

El desarrollo de los derechos sociales constitucionalmente hablando puede escindirse en dos partes: el aspecto formal y el aspecto material. El carácter formal se analiza a la luz de cuando un derecho humano de tipo social es incorporado a la Constitución,[178] y el carácter material de su desarrollo es el despliegue de las obligaciones positivas que el Estado tiene que hacer para hacerlos efectivos.

De modo breve, la faceta formal en el desarrollo constitucional de los derechos sociales inicia con la promulgación de la Constitución de 1917 que —como ya se dijo anteriormente— incorporó algunos derechos sociales, y que a través del tiempo hasta nuestros días más y más derechos se han ido reconociendo y el Poder Reformador de la Constitución los ha positivizado a nivel constitucional. Sin embargo, esta faceta no se encuentra exenta de presentar algunas dificultades. Esto radica preponderantemente en dos cuestiones: (i) en la técnica que se empleé para integrar el derecho social a la carta magna [contorno externo], y (ii) el propio contenido de significado que encierra en sí mismo el propio derecho [contorno interno], es decir su núcleo esencial.

Esto sucede así, por la forma en que «estos derechos tienden a estructurarse y es que su construcción normativa resulta en un nivel un tanto más alto de abstracción»[179] a diferencia de los derechos civiles y políticos que también son abstractos, pero mucho más precisos en cuanto a su contenido en el estudio teórico y contenido jurisprudencial que se les ha dotado.

---

178 P. ej. al artículo 4° constitucional en el año 2020 se le adicionó el párrafo decimoquinto para que el Estado otorgue una pensión no contributiva a los adultos mayores de sesenta y ocho años.

179 *Cfr*. Arango, Rodolfo. *El Concepto de Derechos Social Fundamentales*. Bogotá: Legis Editores, S. A., 2005. pág. 355.

De esta manera, debido a su especial estructuración los derechos sociales comportan una especificidad de exigencia de cumplimiento bastante diferenciado con respecto a los derechos civiles y políticos. Estos implican una obligación negativa del Estado; es decir, «las obligaciones negativas se agotarían en un no hacer por parte del Estado: no detener arbitrariamente a las personas, no aplicar penas sin juicio previo, no restringir la libertad de expresión, no violar la correspondencia ni los papeles privados, no interferir con la propiedad privada, etc.

Por el contrario, la estructura de los derechos económicos, sociales y culturales se caracterizaría por obligar al Estado a hacer, es decir, a brindar prestaciones positivas: proveer servicios de salud, asegurar la educación, sostener el patrimonio cultural y artístico de la comunidad».[180]

Es así como comienza a tomar forma las garantías con las cuales se debe y se puede hacer exigible este tipo de derechos. Si bien el título de este ensayo se refiere a las garantías procesales, el estudio que ahora nos ocupa necesariamente tendrá que abarcar no solamente derechos adjetivos aplicados a los derechos sociales para su efectividad, sino que también es imperioso explorar algunos otros mecanismos con los que el Estado dispondría para cumplir a cabalidad con sus obligaciones de hacer o de dar.

En mi opinión es posible reconocer cuatro niveles de garantía de cumplimiento que pueden hacer efectivos los derechos sociales:

El primer nivel al que denominaré de creación normativa tiene que ver con la unanimidad que demuestra la doctrina en reconocer que una de las primeras tareas para la eficacia de los derechos —en este caso derechos de tipo social— es delimitar lo que le concierne hacer a cada uno de los poderes públicos, esta «es una tarea que corresponde desarrollar, en primer término, al

180 Abramovich, Víctor y Courtis, Christian. *Los derechos sociales como derechos exigibles.* Madrid: Trotta, 2002. págs. 21-22.

legislador, que a través de las leyes debe determinar contenidos concretos para cada derecho».[181]

En un segundo nivel, encontramos lo que me gustaría denominar la actuación de la administración pública, en este nivel podemos encontrar distintas aristas problemáticas; al menos permítaseme señalar cinco: (1) que por deficiencias legislativas, no se delimitó con suficiencia los conceptos, las definiciones, los deberes y mecanismos para hacer cumplir la ley que dota de significado al derecho social en cuestión, encontrándose así el poder ejecutivo un tanto vedado en su actuación; (2) que la legislación autorice al poder ejecutivo la emisión de una reglamentación administrativa y esta sea insuficiente o transgreda el principio de reserva de ley; (3) que al intentar ejecutar la ley y hacerla cumplir, la administración pública se encuentre con la falta de recursos económicos para garantizar el derecho social; (4) que aun con mecanismos precisos, una reglamentación correcta y una suficiencia económica presupuestal, el diseño de las políticas públicas sea ineficaz; o (5) que la administración pública teniendo todo para cumplir con su obligación de hacer, simplemente no despliegue las acciones necesarias para el cumplimiento de la ley que maximice o defina los contornos del derecho social, simple y sencillamente por una actuación negligente de los agentes estatales del poder ejecutivo.

En el tercer nivel al que denominaremos materialidad de las posibilidades reales, vamos a encontrar que para que un derecho social pueda ser plenamente efectivizado, se deben contar con recursos económicos disponibles y suficientes. Atento a esta cuestión, de manera brillante nos ilustra el jurista español Díaz Revorio, quien afirma categóricamente que «los derechos son también mandatos para el legislador y en que su satisfacción

181 Carbonell, Miguel. Eficacia de la Constitución y derecho sociales, esbozo de algunos problemas. [ed.] Christian Courtis y Ramiro Ávila Santamaría. *La protección judicial de los derechos sociales*. Quito: V&M Gráficas, 2009, pág. 69.

implica un coste económico, cada derecho puede entenderse como un mandato de gasto».[182]

Podemos determinar que entre el primer nivel de creación normativa y el de materialidad de las posibilidades reales existe un fuerte vínculo, pues ambos son cuestiones atinentes al legislador ya que es su labor constitucional la creación de leyes y conocer todo lo concerniente a ingresos y egresos de los recursos públicos en este caso para garantizar los derechos sociales que son de índole prestacional. Si bien se estima que esta cuestión de tener recursos suficientes y disponibles está sujeta a una gran cantidad de variables [inflación, devaluación de la moneda, recesión económica, etc.].

También debe atenderse a la especie de que cuando un derecho social ha sido positivizado a nivel constitucional, el principio de progresividad se activa de forma permanente sobre los derechos sociales pudiendo excepcionalmente y temporalmente tener una regresividad en aquellos casos en que el Estado demuestre su incapacidad de dar cumplimiento a la garantía del derecho social constitucionalizado.

En el cuarto nivel se encuentra el último dique que no solo dota de efectividad a los derechos sociales, sino que también los recubre de protección y en algunos casos maximiza los mismos. Este nivel es la justiciabilidad de los derechos sociales, encomienda dada como su nombre lo indica a los órganos judiciales, especialmente a los jueces y tribunales constitucionales —los órganos jurisdiccionales de primera instancia no están exentos de esta obligación simple y sencillamente porque el control difuso de constitucionalidad los obliga, pero sus sentencias pueden ser recurridas en la apelación y en última instancia en el juicio de amparo, por ello quien conoce y resuelve en definitiva es la judicatura federal—.

---

182 Díaz Revorio, Francisco Javier. *El coste económico de los derechos, su interpretación y garantía*. Ciudad de México: Tribunal Electoral del Poder Judicial de la Federación, 2020. pág. 28.

Cuando los Poderes Legislativo y Ejecutivo no responden a sus obligaciones constitucionales, es el poder judicial quien interviene, y en este sentido debe decirse que gran parte del desarrollo de los derechos sociales en la Constitución es posible al poder judicial federal. Sinceramente, los derechos sociales en México [si no es que prácticamente en el mundo entero] no pueden entenderse ni efectivizarse sin el gran aporte que ha hecho la justicia constitucional ante la dificultad que supone la delimitación de los contornos internos y externos de los derechos sociales.

Sirve de ejemplo lo anterior la sentencia que resolvió el amparo en revisión 566/2015,[183] donde la Primera Sala de la Suprema Corte de Justicia de la Nación delimitó los niveles de protección de los derechos sociales. Esta sentencia permitió a la Corte conformar el bloque multinivel y tripartita cuya base es brindarle protección a este tipo de derechos e incluso imponer un deber de no adoptar medidas regresivas injustificadamente.

Ahora bien, en la sentencia arriba señalada, la Corte también se pronunció en el sentido de adoptar el test de proporcionalidad como método de adjudicación constitucional, pues para que una medida regresiva no resulte injustificada debe superar dicho examen.[184]

Otro criterio que, a mi juicio, resultó de suma trascendencia para el desarrollo de los derechos sociales en la Constitución, fue la sentencia del amparo en revisión 1219/2015.[185] En este asunto, la Segunda Sala de la Suprema Corte a través de su interpretación estableció el contenido esencial de los derechos económicos, sociales y culturales.

El último criterio que me gustaría citar y que es de trascendencia para este ensayo, es la sentencia del juicio de amparo

183 Tesis aislada 1a. CXXIII/2017 (10a.), con registro digital 2015134. Fuente Gaceta del Semanario Judicial de la Federación. Libro 46, septiembre de 2017, Tomo I, página 220.

184 Tesis aislada 1a. CXXVI/2017 (10a.), con registro digital 2015133. Gaceta del Semanario Judicial de la Federación. Libro 46, septiembre de 2017, Tomo I, página 219.

185 Tesis aislada 2a. XCII/2016 (10a.), con registro digital 2012529. Fuente: Gaceta del Semanario Judicial de la Federación. Libro 34, septiembre de 2016, Tomo I, página 842.

78/2014, en esta sentencia del Quinto Tribunal Colegiado de Circuito del Centro Auxiliar de la Quinta Región, el órgano jurisdiccional resolvió que los derechos económicos, sociales y culturales «deben ser entendidos integralmente como derechos humanos, sin jerarquía entre sí y exigibles en todos los casos ante aquellas autoridades que resulten competentes para ello. Por tanto, la exigibilidad de estos derechos amerita que sean justiciables ante los tribunales, **a través del juicio de amparo**».[186]

Como no podía ser de otra forma, el juicio de amparo es el instrumento de naturaleza procesal por excelencia que permite desarrollar, proteger y efectivizar los derechos sociales dadas las dificultades y problemáticas que engarzan a este tipo de derechos. Desde luego, como se ha argumentado, el Estado y sus órganos tienen deber de cumplimiento de los derechos sociales por mandato constitucional, no obstante por omisiones legislativas; insuficiencia presupuestal o actividad irregular de los agentes estatales de la administración pública, en muchas ocasiones se obstaculiza la plena eficacia de los derechos sociales, y es cuando la justicia constitucional a través del juicio de amparo permite hacer justiciable y exigible este tipo de derechos.

En este supuesto, dado que los órganos jurisdiccionales no actúan de oficio en materia de *litis* constitucional, toca al gremio jurídico a través de la presentación de demandas de juicio de amparo el ir construyendo una mayor justiciabilidad de esta especie de derechos. Luego entonces, adminicula la concepción de que la justicia constitucional no puede actuar por sí sola, sino que requiere la actividad incesante de las y los abogados para continuar dotando de contenido los derechos sociales.

Prima facie, pareciera que la justicia constitucional es la única que en verdad puede desarrollar los derechos sociales en su vertiente sustantiva y adjetiva. Para un abundamiento más

186 Tesis (V Región) 5o.19 K (10a.), con registro digital 2007253. Fuente: Gaceta del Semanario Judicial de la Federación. Libro 9, agosto de 2014, Tomo III, página 1731. [el realce es añadido]

enriquecedor, no puede dejarse de lado algunas críticas —que aunque me parecen importantes, no son compartidas del todo por el autor de este modesto ensayo— que han realizado importantes teóricos del derecho. A manera de muestra, Roberto Gargarella considera que «"operativizar" los derechos sociales por parte del poder judicial, implicaría una grave afrenta a las convicciones democráticas: de este modo, por ejemplo, los jueces pasarían a reemplazar a los legisladores en muchas de sus funciones más importantes».[187]

En esta crítica que hace Gargarella podemos enfatizar una vez más la problemática respecto a los derechos sociales, y esto es posible de analizarlo cuando advertimos que comenzamos a analizar a los derechos sociales desde una visión constitucionalista, y luego sin darnos cuenta pasamos de lleno y de plano al estudio de estos derechos desde la filosofía del derecho. No se exagera cuando se dice que el terreno en que se sitúan los derechos sociales es sinuoso y movedizo, comporta un sinfín de especificidades complejas y problemáticas que pueden abarcar desde aspectos de índole moral hasta las más puramente científicas del derecho.

Al menos en vista de la experiencia mexicana y de nuestro derecho constitucional, el juicio de amparo se sitúa como la garantía procesal más efectiva que dota de protección, cobertura, refuerzo y contenido al desarrollo a los derechos sociales.

Si bien, se reconoce que los poderes legislativo y ejecutivo han realizado avances en la efectivización de los derechos sociales, la justicia constitucional es quien más ha desarrollado este tipo de derechos. Traigo a colación, en este sentido, el amparo directo 6/2023, resuelto en la sesión del 18 de octubre de 2023, en la que por unanimidad de votos, la Primera Sala de la Suprema Corte reconoció por primera vez el derecho humano al cuidado.

187 *Cfr. Primeros apuntes para una teoría sobre los derechos sociales. ¿Es posible justificar un tratamiento jurídico diferenciado para los derechos sociales e individuales*? Gargarella, Roberto. 31, Madrid: Unigraf, S. A., 31 de Marzo de 1998, Jueces para la Democracia. Información y Debate, pág. 14.

En mi opinión, este es un derecho humano de tipo social, ya que la Corte decide al menos cuatro cuestiones que le darían esta dimensión: (1) que el Estado tiene un papel prioritario en su protección y garantía, con lo cual estaríamos hablando de una obligación positiva —es decir, un deber de hacer y de actuar—, (2) en esta obligación se les involucra a sectores de la sociedad [eficacia horizontal de los derechos humanos (doctrina *drittwirkung*)], (3) elimina roles de género en los cuidados de las personas, y (4) refuerza la protección y el deber de cuidado especialmente de quienes tienen algún tipo de discapacidad, adultos mayores, y enfermos de padecimientos crónicos. Esto es, personas que se encuentran en un estatus de mayor vulnerabilidad y que dependen sustantivamente del cuidado de otros individuos.

No es posible enunciar los juicios de amparo resueltos por los órganos jurisdiccionales que han dotado de eficacia, contenido y maximización a los derechos sociales, basta referir que la doctrina jurisprudencial de los tribunales es rica y amplia en cada uno de los derechos que conforman los derechos sociales. Al respecto, la Corte ha emitido jurisprudencia sobre el derecho a la educación, a la seguridad social, a la vivienda, a la salud, al trabajo digno, al medio ambiente sano, entre muchos otros derechos de tipología social.

III. Conclusiones

Para concluir este ensayo de manera breve habremos de decir que en comparación con los derechos políticos y civiles, los derechos sociales son relativamente nuevos en cuanto a su reconocimiento y desarrollo, por ende su justiciabilidad también es novedosa y se encuentra en un dinamismo mucho más activo como igualmente constante, lo cual también implica un incremento a las de por sí muy diversas problemáticas y obstáculos que conciernen a este tipo de derechos.

No parece haber —al menos por el momento y en el mediano plazo— un mejor instrumento procesal de eficacia que el juicio de amparo para efectivizar los derechos sociales e incluso desarrollarlos por vía interpretación constitucional, por consiguiente, los órganos jurisdiccionales dan muestra de ser más audaces y capaces a la hora de definir contornos, núcleos esenciales, niveles de protección e incluso reconocer nuevos derechos humanos incluyendo los de tipo social.

Sin embargo, esto no quiere decir que el poder reformador de la Constitución se haya quedado atrás, o que la doctrina no tenga más qué decir, por el contrario, a manera de ejemplo, me parece muy interesante la concepción que da la ministra Loretta Ortiz Ahlf, quien desarrolla doctrinalmente y desde una visión jurisprudencial el derecho humano al acceso a la energía eléctrica,[188] punto de vista que se comparte con la ministra en esta nueva dimensión laboral y social en que prácticamente ya nada es posible sin acceso a la energía eléctrica.

188 Véase Ortiz Ahlf, Loretta y Viveros Álvarez, Jimena Sofía. *La protección judicial de los derechos sociales. Una aproximación desde las resoluciones de la Suprema Corte de Justicia de la Nación*. Ciudad de México: Tirant lo Blanch, 2023. págs. 327-368.

La especificidad de los derechos sociales supone un reto para todos los órganos del Estado, pero también para los justiciables y los postulantes. En la medida que se expandan los derechos sociales y el Estado se obligue a través de la incorporación constitucional, por vía de los precedentes obligatorios que conforman jurisprudencia, o de los compromisos internacionales, tanto más recursos económicos se deberán destinar y esto es incuestionable e insoslayable. Habría que analizar en otro momento la manera en cómo el Estado se hará de más recursos económicos para dar cumplimiento a sus obligaciones constitucionales, pues con cada ejecutoria de amparo se trae aparejado un coste económico, es ineludible esta discusión y su debate no puede esperar más, pues como ya dijimos los derechos sociales están en expansión y cuestan dinero.[189]

Los derechos sociales —aun con los problemas y obstáculos que presentan— son auténticos derechos humanos y por tanto son inherentes a la dignidad humana al tiempo que se encuentran estrechamente vinculados con la igualdad. Hasta en tanto la dignidad de las personas se vea trastocada y la igualdad no sea material porque exista marginación, pobreza extrema, personas en situación de calle o niños trabajando en lugar de estar estudiando y disfrutando su niñez, por citar algunos ejemplos, no se puede hablar de un verdadero Estado constitucional democrático y social de derecho.

Por último, si bien este ensayo corresponde a un estudio del desarrollo de los derechos sociales y las garantías para su protección desde una perspectiva preponderantemente constitucional, y se dijo expresamente que este trabajo no se ocuparía

---

189 «Los derechos económicos y sociales, al no tener los mismos niveles de protección administrativos, legislativos, presupuestales y jurisdiccionales, son una suerte de derechos de segunda frente a los derechos de libertad, y los civiles y políticos. Además de las razones jurídico-institucionales que podemos señalar para esa diferenciación —como no contar efectivamente con un amparo social—, existen motivos de carácter económico: los derechos económicos, sociales, culturales y ambientales cuestan más que los primeros». Cárdenas Gracia, Jaime. *Manual de Derecho Constitucional.* Ciudad de México: Tirant lo Blanch, 2020. pág. 73.

de analizar los derechos sociales de fuente internacional aunque son parte del bloque de constitucionalidad, al menos déjeseme expresar mi deseo de que en un futuro próximo el Estado mexicano ratifique el Protocolo Facultativo del Pacto Internacional de Derechos Económicos, Sociales y Culturales, pues esto amplificaría el parámetro de control de regularidad constitucional, y permitirá que el Comité de Derechos Económicos, Sociales y Culturales de las Naciones Unidas pueda ejercer sus funciones respecto a México, con lo cual considero que se beneficiarían a todas las personas especialmente aquellas que se encuentran en una mayor desventaja y vulnerabilidad.

IV. Fuentes de consulta y referencias

1. Unidad General de Conocimiento Científico y Derechos Humanos. YouTube. *SCJN.* [En línea] 25 de Mayo de 2021. https://www.youtube.com/watch?v=Bl_1RvAnXdQ
2. Abramovich, Víctor y Courtis, Christian. *Los derechos sociales como derechos exigibles.* Madrid: Trotta, 2002.
3. Arango, Rodolfo. *El Concepto de Derechos Social Fundamentales.* Bogotá: Legis Editores, S. A., 2005.
4. Carbonell, Miguel. Eficacia de la Constitución y derecho sociales, esbozo de algunos problemas. [ed.] Christian Courtis y Ramiro Ávila Santamaría. *La protección judicial de los derechos sociales.* Quito: V&M Gráficas, 2009.
5. Cárdenas Gracia, Jaime. *Manual de Derecho Constitucional.* Ciudad de México: Tirant lo Blanch, 2020.
6. Díaz Revorio, Francisco Javier. *El coste económico de los derechos, su interpretación y garantía.* Ciudad de México: Tribunal Electoral del Poder Judicial de la Federación, 2020.
7. Gamas Torruco, José. Comentario al artículo 25. *Derechos del Pueblo Mexicano. México a través de sus constituciones.* Ciudad de México: Porrúa, 2016, Vol. VIII.
8. Gargarella, Roberto. *Primeros apuntes para una teoría sobre los derechos sociales. ¿Es posible justificar un tratamiento jurídico diferenciado para los derechos sociales e individuales?* 31, Madrid: Unigraf, S. A., 31 de Marzo de 1998, Jueces para la Democracia. Información y Debate.
9. Guastini, Riccardo. Sobre el concepto de constitución. [coord.] Miguel Carbonell. *Neoconstitucionalismo.*

Ciudad de México: Centro de Estudios Jurídicos Carbonell, A. C. , 2017.

10. Lugo Saucedo, Paloma, y otros. *Vadémecum de Derechos Humanos.* Ciudad de México: Tirant lo Blanch, 2019.
11. Niembro Ortega, Roberto. Introducción. *La argumentación constitucional de la Suprema Corte. A diez años de la reforma de derechos humanos.* México: Instituto de Estudios Constitucionales del Estado de Querétaro, 2021.
12. Ortiz Ahlf, Loretta y Viveros Álvarez, Jimena Sofía. *La protección judicial de los derechos sociales. Una aproximación desde las resoluciones de la Suprema Corte de Justicia de la Nación.* Ciudad de México: Tirant lo Blanch, 2023.
13. Prieto Sanchís, Luis. El constitucionalismo de los derechos. [coord.] Miguel Carbonell. *Neoconstitucionalismo.* Ciudad de México: Centro de Estudios Jurídicos Carbonell, A. C., 2017.
14. Salgado Cipriano, Giovanni Alexander y Hernández, Porfirio Andres. Los derechos económicos, sociales y culturales. [ed.] Ana María Ibarra Olguín. *Curso de derechos humanos.* Ciudad de México: Tirant lo Blanch, 2022.
15. Tesis (V Región)5o.19 K (10a.), con registro digital 2007253. Fuente: Gaceta del Semanario Judicial de la Federación. Libro 9, Agosto de 2014, Tomo III, página 1731.
16. Tesis 2a. XCII/2016 (10a.), con registro digital 2012529. Fuente: Gaceta del Semanario Judicial de la Federación. Libro 34, Septiembre de 2016, Tomo I, página 842.
17. Tesis 1a. CXXVI/2017 (10a.), con registro digital 2015133. Fuente: Gaceta del Semanario Judicial de la Federación. Libro 46, Septiembre de 2017, Tomo I, página 219.
18. Tesis 1a. CXXIII/2017 (10a.), con registro digital 2015134. Fuente: Gaceta del Semanario Judicial de la Federación. Libro 46, Septiembre de 2017, Tomo I, página 220.
19. Amparo directo 6/2023.

Análisis al amparo directo en revisión 5999/2016

Ante la Ley hay un Guardián

Franz Kafka

Sumario

I. Introducción

El amparo directo en revisión 5999/2016, resuelto el día 21 de junio del año 2017 por la Primera Sala de la Suprema Corte de Justicia de la Nación, es una sentencia interesante, la cual es materia de este análisis.

Para comprender el estudio que ahora se ofrece, resulta indispensable precisar los aspectos fácticos y procesales más importantes en torno al asunto, y que a continuación se señalarán brevemente y para un mejor entendimiento:

- En una familia conformada por una mujer, un hombre y su hijo, la persona de sexo femenino es víctima de violencia al interior de su matrimonio, por lo que un día es expulsada del hogar por su esposo, y este se queda con la custodia y guarda del niño.[190]
- El hombre no permite que la madre vea a su hijo. Posteriormente, ella se entera de que aparentemente el niño sufre maltrato y desnutrición. Ante esta situación, la madre acude a la escuela donde estudia su hijo y constata que, a su juicio, el niño sufre violencia y se encuentra mal alimentado, por lo que decide llevárselo.
- Por lo anterior, el padre presenta una denuncia ante el Ministerio Público por el delito de sustracción de

190 En las palabras escritas que yo articule para el presente trabajo en las que me refiera al hijo de la quejosa y recurrente, utilizaré exclusivamente la palabra niño. Esto con base en la jurisprudencia I.9o.P. J/18 CS (11a.), con registro digital 2026465, y que lleva por rubro: «Niñas, niños y adolescentes. Debe abandonarse el término "menores" para referirse a éstos, a fin de respetar el principio de su interés superior y el derecho a la igualdad y no discriminación».

menores,[191] y la jueza de primera instancia absuelve a la madre por el delito del que se le acusa en la causa penal 241/2014-III.

- Contra la sentencia absolutoria, el Ministerio Público presenta recurso de apelación y el padre del niño [tercero interesado] se adhiere a la apelación interpuesta, formándose el toca de apelación 1802/2016.[192]
- En la sentencia de apelación de la Tercera Sala del Tribunal Superior de Justicia del Estado de Veracruz de Ignacio de la Llave, con sede en Xalapa, se revoca la sentencia recurrida y se dicta sentencia que condena a la mujer a una pena de dos años de prisión, y multa de un día de salario mínimo vigente en la entidad al momento de los hechos, además de que se devuelve al niño a su padre como una forma de reparación.
- En contra de la sentencia del Tribunal de Alzada, la madre presenta demanda de amparo directo que se radica en el Primer Tribunal Colegiado de Circuito en Materia Penal del Séptimo Circuito Judicial [Veracruz de Ignacio de la Llave], con el número de expediente AD 183/2016, y en el cual se niega el amparo.
- Inconforme con la sentencia del órgano jurisdiccional federal, se interpone el recurso de revisión, el cual al tratarse del orden penal, debe conocer y substanciar la Primera Sala de la Suprema Corte de Justicia de la Nación, formándose así el amparo directo en revisión 5999/2016.
- Para su avocamiento, la Sala analiza cuestiones de constitucionalidad hechas valer en el recurso de revisión y que el Tribunal Colegiado de Circuito no observó, tales como son: (i) Juzgar con perspectiva de género, y (ii) El interés superior de la infancia.

191 Así lo dice *passim* la sentencia.
192 La sentencia de la Corte hace referencia a este número. No obstante, en la página del SISE el toca cambia en cuanto al año y se dice que es el 1802/2015.

- El efecto de la sentencia de la Corte es revocar la sentencia recurrida, y ordena al Tribunal Colegiado de Circuito emitir una nueva sentencia en la que se analicen y consideren los precedentes relacionados con perspectiva de género e interés superior del niño.

Una vez referido el marco procesal en sus distintas etapas con sus respectivas consecuencias, se procede a establecer la metodología y el enfoque analítico en torno al amparo directo en revisión 5999/2016.

Este modesto trabajo versará sobre tres ejes: el primero, relacionado a los aspectos de constitucionalidad de los que se encarga la Corte en analizar; segundo, lo que a mi juicio es una falta de exhaustividad de la Corte respecto a ciertos derechos humanos trastocados y que no fueron valorados; y tercero, la posible aquiescencia de la Sala ante lo que parece una contravención directa a la ley de amparo por parte del Tribunal Colegiado de Circuito recurrido.

II. El amparo directo en revisión 5999/2016

II.1. Los aspectos de constitucionalidad analizados por la Corte

En el amparo en revisión que ahora nos ocupa estudiar, la Primera Sala de la Suprema Corte de Justicia de la Nación, analiza dos aspectos de constitucionalidad de suma relevancia para el conjunto del sistema jurídico que tienen aplicabilidad al caso en concreto: por un lado, examina la doctrina jurisprudencial respecto a la obligación de juzgar con perspectiva de género;[193] y por el otro, estudia el interés superior del niño.[194] En este sentido, resulta necesario, cuando menos, estatuir la conceptualización de ambas figuras:

Juzgar con perspectiva de género: «...consiste en que las y los impartidores de justicia, al substanciar y resolver cada uno de los casos específicos que les competa decidir, analicen si la aplicación concreta de una ley genera trato diferenciado injustificado entre las personas solo en razón de su sexo, ocasionado ya sea por los roles sociales tradicionales asignados a hombres y mujeres, o bien, por su orientación sexual e identidad de género y, en su caso, que en el ámbito de sus atribuciones apliquen mecanismos legales para compensar ese trato injusto y diferenciado que pueda incidir en el acceso efectivo a la justicia».[195]

193 Sentencia del amparo directo en revisión 5999/2016, fojas 16 a 26.
194 *Ibid.*, fojas 26 a 33.
195 Molina Covarrubias, María Guadalupe. Juzgar con Perspectiva de Género. [coords.] Eduardo Ferrer Mac-Gregor, y otros. *Diccionario de Derecho Procesal Constitucional y*

Interés superior de la niñez:

> ... concepto jurídico clave para la interpretación, aplicación y salvaguarda de los derechos de niños, niñas y adolescentes... Tiene su raíz en la dignidad y características propias de niños, niñas y adolescentes, especialmente la necesidad de propiciar su desarrollo y pleno aprovechamiento de sus potencialidades. Su finalidad es garantizar el pleno disfrute de sus derechos, de manera que se atienda primordialmente a aquello que le resulte más beneficioso. En consecuencia, se erige como principio orientador de todas las medidas o decisiones que les afecten.[196]

Estos dos aspectos de constitucionalidad son básicamente sobre los cuales la Primera Sala de la Suprema Corte analiza el caso en concreto, y hace patente que el Tribunal Colegiado de Circuito no juzgó con perspectiva de género ni en atención al principio de interés del niño, a pesar de que para el año en que se radicó el juicio de amparo promovido por la madre del niño, ya existían diversos precedentes de *litis* constitucional en los cuales la Corte ya había desarrollado una doctrina jurisprudencial —robusta y sólida, en mi opinión— sobre la obligatoriedad de juzgar aplicando estándares y parámetros de género, e incluso desde el año 2013 se había creado el Protocolo para Juzgar con Perspectiva de Género.

Asimismo, el órgano jurisdiccional recurrido, en su sentencia nugatoria del amparo, tampoco analizó la situación del niño atendiendo a su interés superior, máxime que se ha reconocido

---

Convencional. Tercera. Querétaro: Instituto de Estudios Constitucionales del Estado de Querétaro, 2021, Vol. II, pág. 1438.

196 Igareda Diez De Sollano, María Dolores. Interés Superior de la Niñez. [coord.] Edgar S. Caballero González. *Diccionario Práctico de Derecho Constitucional.* Ciudad de México: Centro de Estudios Jurídicos Carbonell, A. C., 2020, pág. 114.

que «las personas menores de edad integran un grupo cuyo tratamiento jurídico es distinto más no discriminatorio del resto de las personas, **debido a su especial situación de vulnerabilidad en función de su edad**».[197]

No es baladí el hecho de reconocer que el concepto de constitucionalización del ordenamiento[198] en el derecho procesal constitucional mexicano ha sido recogido por la Suprema Corte de Justicia de la Nación, y que esto se hace notar en el amparo directo en revisión que ahora nos ocupa analizar, puesto que el asunto de ontología penal adquiere matices de constitucionalización, y que esa es la razón por la cual la Corte estima el cumplimiento de los requisitos excepcionales de importancia y trascendencia para el avocamiento del recurso de revisión al amparo directo, específicamente la hipótesis sobre si lo decidido en la sentencia recurrida implicó el desconocimiento u omisión de un criterio sostenido por el Alto Tribunal.

Por lo tanto, es plausible afirmar que la constitucionalización del ordenamiento tiene un efecto de impregnación hacia todas las materias del derecho, siendo los derechos humanos y garantías para su protección; las reglas y principios constitucionales, un estado de cosas cuya eficacia de guarda y cumplimiento se encomienda a todos los órganos jurisdiccionales, pero especialmente a las y los Jueces, Magistrados y Ministros del Poder Judicial de la Federación.

---

197 Centro de Estudios Constitucionales de la Suprema Corte de Justicia de la Nación. *Cuadernos de Jurisprudencia, núm 18. Derechos de Niñas, Niños y Adolescentes.* Ciudad de México: Centro de Estudios Constitucionales de la Suprema Corte de Justicia de la Nación, 2022. pág. 183. [el realce es añadido]

198 Véase Carbonell, Miguel. *Curso Básico de Derecho Constitucional.* Ciudad de México: Centro de Estudios Jurídicos Carbonell, A. C., 2021. págs. 75-81.

II.2. La falta de exhaustividad de la Corte al análisis de la totalidad de los derechos humanos en juego

Al analizar la sentencia de la Primera Sala, a veces da la impresión que hizo falta exhaustividad en el asunto que resolvió.

Por ejemplo, en aspectos meramente de forma, a la recurrente Diana Lina Jiménez Covarrubias, madre del niño, se le denomina «quejoso»[199] y «el recurrente»[200] en la sentencia. Quizá se podría decir que exagero —es muy probable que sea así—, pero en la profesión jurídica las palabras y su significado importan muchísimo; constituyen materia prima con la que se trabaja día a día, y en la que el error de colocar mal hasta una coma dota de un significado totalmente distinto a una enunciación, ya no digamos masculinizar a alguien del sexo femenino.

Tendente a las cuestiones materiales, me parece que la Corte decide no analizar de lleno y a profundidad algunos aspectos sumamente importantes en el caso en concreto y que hubieran venido a robustecer su doctrina jurisprudencial, a continuación los enumero:

1. Se pasó por alto que tanto la recurrente como su hijo forman parte de las categorías sospechosas de las que habla el artículo 1°, párrafo quinto, de la Constitución. Si bien, la Corte hace referencia al derecho a la igualdad y no discriminación, me parece que se debía hacer un énfasis valorativo mucho más minucioso porqué a mi juicio confluyen elementos de interseccionalidad, especialmente en la madre al tratarse de una mujer con una alta probabilidad de encontrarse en una situación de precariedad económica y por ende social.

199 Amparo directo en revisión 5999/2016, foja 4.
200 *Ibid.*, foja 10.

En este sentido, a mi parecer la Corte pierde una valiosa oportunidad de realizar un diálogo jurisprudencial con la Corte Interamericana de Derechos Humanos, específicamente con la sentencia del Caso Gonzales Lluy y Otros *vs.* Ecuador.

2. La Sala reconoce la atipicidad del delito por el cual se condenó a la madre del niño a dos años de prisión, especialmente por las circunstancias fácticas en que decidió llevárselo consigo. Sin embargo, el derecho de presunción de inocencia se deja de lado, y pareciera que a la Corte le es suficiente con referir que la conducta reprensible encuentra un resquicio de ser atípica para justificar la actuación de la madre. *Prima facie*, podría inferirse que la presunción de inocencia fue motivo de los conceptos de violación en el amparo y no del recurso de revisión.

   No obstante, como Tribunal Constitucional, la Corte sí tenía la obligación de pronunciarse al respecto, máxime que da a entender que la entonces quejosa tenía razón en argüir los argumentos que ofreció y que no fueron tomados en cuenta por el Tribunal Colegiado de Circuito.

3. Bajo este mismo crisol, a la madre del niño se le violentó con un altísimo grado e intensidad su derecho de acceso a la justicia, y al respecto la Corte tampoco se pronuncia en ningún sentido. Aquí cabría poner sobre la mesa un par de cuestionamientos: a) ¿Cómo es posible que se resolviera primero la causa penal por la sustracción del niño, y la denuncia presentada por la madre en la que manifiesta ser víctima de violencia siguiera pendiente al momento de resolverse la causa penal? b) ¿Esto no podría ser considerado como una discriminación en razón de género que trastoca directamente el derecho de acceso a la justicia pronta e imparcial?

4. Tampoco se observa pronunciamiento de la Sala sobre el derecho a la salud, derecho a la integridad corporal,

derecho a la educación, y derecho a la alimentación del niño; prerrogativas todas que fueran trastocadas por su padre y la familia de este, y las cuales también habrían merecido un estudio por ser cuestiones de alto valor constitucional al tratarse de una persona vulnerable en razón de su edad.

II.3. La posible aquiescencia de la Corte a una violación directa a la ley de amparo

En el año [2016] en que se presentó la demanda de amparo directo y el recurso de revisión resuelto por la Primera Sala, el artículo 94 constitucional establecía:

> Artículo 94. Se deposita el ejercicio del Poder Judicial de la Federación en una Suprema Corte de Justicia, en un Tribunal Electoral, en tribunales colegiados y unitarios de circuito, y en juzgados de distrito.

Una posible interpretación de esta porción normativa constitucional es que el ejercicio del Poder Judicial Federal no se encuentra concentrado en la Suprema Corte de Justicia de la Nación —aunque funja como Tribunal Constitucional y órgano jurisdiccional terminal del Estado mexicano—, sino que se despliega a otros órganos jurisdiccionales de distinta jerarquía y competencia a los cuales se les reconoce autonomía e independencia.

Ahora bien, con el decreto publicado en el *Diario Oficial de la Federación* el 6 de junio de 2011, por el cual se reformaron y adicionaron diversas disposiciones de la Constitución, especialmente atinente al artículo 94, el Poder Reformador de la Constitución estableció un párrafo que decía:

La ley fijará los términos en que sea obligatoria la jurisprudencia que establezcan los tribunales del Poder Judicial de la

Federación y los Plenos de Circuito sobre la interpretación de la Constitución y normas generales, así como los requisitos para su interrupción y sustitución.[201]

Dicha ley no es otra que la Ley de amparo, Reglamentaria de los Artículos 103 y 107 de la Constitución, y que fuera expedida mediante decreto publicado el 2 de abril de 2013 en el Diario Oficial de la Federación.

En este sentido, del año 2011 en que se reformó la ley suprema del Estado mexicano en materia de derechos humanos, y se dio pie a la décima época del Semanario Judicial de la Federación, no se soslaya la cuestión de que para el año 2016 en que se presentó la demanda de amparo directo, ya se había construido una sólida e importante doctrina jurisprudencial tocante a los temas de juzgar con perspectiva de género e interés superior de la niñez, como aspectos de constitucionalidad sobre los cuales la Corte realiza su avocamiento de estudio en el amparo directo en revisión.

Sin embargo, sobre este punto, es menester reflexionar respecto al hecho de que la Corte haya evitado pronunciarse sobre el evidente desacato del Tribunal Colegiado de Circuito a una amplia gama de criterios emitidos por la Primera Sala al resolver asuntos en materia de perspectiva de género[202] e interés superior de la niñez.[203] Esto se evidencia en la sentencia de la Corte, pues se hace patente que el tribunal *a quo* sí estaba al tanto del desarrollo jurisprudencial, pero simplemente omitió aplicar las tesis aisladas y jurisprudenciales existentes al caso sometido a su competencia. Por esta razón la Corte determina conocer del recurso de revisión al amparo directo.

---

201 No se desconoce que el 11 de marzo de 2021, se publicó la reforma Constitucional al Poder Judicial de la Federación, y que este mismo párrafo fue modificado. Sin embargo, para el análisis producto de este trabajo se debe emplear la disposición vigente en ese momento.

202 Diez criterios: siete tesis aisladas, y tres jurisprudencias, aunado al Protocolo para Juzgar con Perspectiva de Género.

203 Cuatro criterios: dos tesis aisladas, y dos jurisprudencias.

Como resultado, el que el Tribunal Colegiado de Circuito haya desacatado la jurisprudencia y criterios aislados provoca una violación directa a la Ley de amparo, pues la jurisprudencia de la Suprema Corte «es obligatoria conforme al orden lógico descendente que se da entre el Pleno y las Salas de la Suprema Corte de Justicia de la Nación, [los Plenos Regionales], los Tribunales Colegiados de Circuito facultados para establecerla y los restantes órganos que imparten justicia»,[204] situación símil respecto a las tesis aisladas de la Corte [lo atinente a los Plenos Regionales fue añadido y no forma parte del texto original que se cita].

Si bien es cierto, todos los órganos jurisdiccionales federales cuentan con autonomía e independencia, estas calidades no pueden llegar al extremo de ignorar la ley ni mucho menos desapartarse de los criterios jurisprudenciales del Alto Tribunal, ya que esto podría conllevar materialmente a nuevas violaciones a derechos humanos, como es en este caso a derechos fundamentales de fuente internacional en perjuicio de la recurrente y su hijo, especialmente los artículos 8.1 y 25 de la Convención Americana sobre Derechos Humanos.

Con respecto al artículo 8.1 de la Convención,

> la Corte IDH ha establecido que un procedimiento justo supone que el órgano encargado de administrar justicia efectúe «un examen apropiado de las alegaciones, argumentos y pruebas aducidas por las partes, sin perjuicio de sus valoraciones acerca de si son relevantes para su decisión».

204 *El Desacato y el Carácter Obligatorio de la Jurisprudencia.* Rivas Saavedra, Verónica Roxana. 3, 2010, Praxis de la Justicia Fiscal y Administrativa, pág. 32.

> En consecuencia, el estándar jurisprudencial supone que un juicio justo es aquel en el cual una persona ha sido oída con las debidas garantías.[205]

En el caso en concreto, la recurrente hizo valer argumentos en sus conceptos de violación en el amparo directo, y ofreció tanto pruebas periciales en psicología infantil como testimoniales que fueron desestimadas completamente por el Tribunal Colegiado de Circuito. En efecto, la Corte solamente enuncia esta omisión, pero no atiende a la gravedad que supone para la trascendencia del fallo y no entra a un estudio que, considero, debía hacer.

Por otra parte, con relación al artículo 25 del citado ordenamiento interamericano,

> la Corte IDH ha establecido que, por su naturaleza, el recurso de amparo es «el procedimiento judicial sencillo y breve que tiene por objeto la tutela de todos los derechos reconocidos por las constituciones y leyes de los Estados parte y por la Convención».[206]

De ahí que la actuación del Tribunal Colegiado de Circuito con la sentencia nugatoria del amparo desnaturalizó dicho medio de control de constitucionalidad y convencionalidad al no haber tutelado los derechos de igualdad y no discriminación, desatender su obligación de juzgar con perspectiva de género y no velar por el interés superior del niño.

Por consiguiente, la Corte es consciente de esta omisión pero se manifiesta aquiescente y convalida con su silencio la actuación irregular del Tribunal Colegiado.

---

205 Ibáñez Rivas, Juana María. Derecho a ser oído en el proceso. [coord.] G. Patricia Uribe Granados. [ed.] Christian Steiner y Marie-Christine Fuchs. *Comentario a la Convención Americana sobre Derechos Humanos*. Segunda. Bogotá: Nomos Impresores, 2019, pág. 269.

206 *Ibid*. El recurso de amparo. Pág. 756.

Si nos vamos a tomar en serio los derechos humanos, se debe actuar en consecuencia con lo mandatado por el artículo 1° constitucional, el cual es claro en el sentido de imponer la obligación que tienen todas las autoridades en investigar y sancionar las violaciones a derechos humanos. Si bien, el sistema jurídico permite recurrir los fallos, no se debe olvidar que se está en presencia de la materia penal, asimetrías de poder por razón de género, y un niño al que se le transgredieron diversos derechos, y que por su edad se encuentra en un alto grado de vulnerabilidad.

El hecho de que un órgano jurisdiccional se haya apartado de manera flagrante y sin causa justificada de la doctrina jurisprudencial de la Suprema Corte, sabiendo de su existencia, considero que merecía que en la propia sentencia se diera vista al Consejo de la Judicatura Federal, pues en palabras del ministro en retiro José Ramón Cossío Díaz

> los jueces y magistrados del Poder Judicial de la Federación están obligados a acatar lo resuelto por el Pleno de la Corte y sus Salas, so pena de ser sancionados, sin que puedan plantear su desavenencia o cuestionar los criterios del Pleno o las salas de la propia Suprema Corte.[207]

207 *Cfr.* Corte Interamericana de Derechos Humanos. *Caso García Rodríguez y Otro vs. México.* Excepciones Preliminares, Fondo, Reparaciones y Costas. 2023, párr. 176.

III. Conclusiones

El amparo directo en revisión 5999/2016 es de esas sentencias que contienen matices de claroscuros; para mí es una sentencia que no deja del todo un buen sabor de boca. No se regatea su importancia, pero a la luz de otros asuntos resueltos por la Corte, da la impresión que este recurso de revisión pareciera que fue de mero trámite; que el Tribunal Constitucional se hace cargo a medias del problema de constitucionalidad planteado, para posteriormente devolver las constancias del expediente al tribunal de conocimiento y que este dicte una nueva sentencia, por tratarse de cuestiones de legalidad.

Dicho en otras palabras, la Corte primero refiere que el asunto está revestido de importancia constitucional para luego simplemente revocar la sentencia recurrida y remitir las constancias al *a quo* para que analice nuevamente el asunto con la plana corregida por tratarse de aspectos de legalidad.

En mi opinión, la Corte en esta sentencia actúa de manera un tanto conservadora y sin una auténtica vocación transformadora como última intérprete de la Constitución y garante de los derechos humanos.

Citaré tres amparos directos en revisión donde la Primera Sala de la Corte sí entra a resolver el fondo del asunto y procede a conceder el amparo y protección de la justicia federal: ADR 517/2011; ADR 3394/2012; y ADR 3797/2014.

Me parece que por la materia [penal] y por las personas [una mujer y un niño] sobre las que se ciernen las irregularidades de los órganos jurisdiccionales, especialmente el Tribunal Colegiado de Circuito como órgano judicial federal, la Corte estaba obligada a resolver el fondo del asunto y no a remitir nuevamente las constancias a un tribunal que —perdón, pero hay que decirlo y señalarlo— convalidó violaciones a derechos fundamentales, y con su sentencia nugatoria de amparo transgredió derechos humanos reconocidos en la Convención Americana sobre Derechos Humanos.

Considero —quizá con demasiado rigor y exigencia— que de la lectura a la sentencia de la Corte, sí se alcanzan a desprender y apreciar elementos para una probable responsabilidad de las magistraturas por desacato a la obligatoriedad de la jurisprudencia de la Suprema Corte, y me parece que también se configuraban elementos para suponer que la sentencia recurrida se encontraba viciada de tal manera que su resultado derivaba en una violación a derechos fundamentales por errores judiciales.[208]

No es de poca importancia ni para olvidar que el artículo 10 de la Convención Americana sobre Derechos Humanos es también Constitución, y tenemos el derecho a la indemnización por error judicial, aunque la Primera Sala al resolver el amparo directo 5/2021,[209] se haya decantado por una decisión poco afortunada a mi juicio, pues clausura la posibilidad de indemnización por error judicial ante diversos supuestos.

No obstante, en el amparo en revisión 5999/2016 por tratarse de materia penal, sí operaba tanto la indemnización por error judicial como la imposición de medidas disciplinarias de responsabilidad administrativa por desacato a la jurisprudencia del Alto Tribunal Constitucional.

---

208 Véase Carbonell Bellolio, Flavia. Los errores del juez. Presupuestos y tipologías. [coords.] Flavia Carbonell, Andrea Meroi y Abril Uscanga. [dir.] Juan Antonio García Amado. *El error judicial. Problemas y Regulaciones*. Valencia: Tirant lo Blanch, 2023, pág. 75.

209 De este amparo directo se emitió la jurisprudencia por precedente obligatorio 1a./J. 101/2023 (11a.), con registro digital número 2026918.

IV. Fuentes de consulta y referencias

1. *Constitución Política de los Estados Unidos Mexicanos.*
2. *Convención Americana sobre Derechos Humanos.*
3. Carbonell, Miguel. *Curso Básico de Derecho Constitucional.* Ciudad de México: Centro de Estudios Jurídicos Carbonell, A. C., 2021.
4. Carbonell Bellolio, Flavia. *El error judicial. Problemas y Regulaciones.* Valencia: Tirant lo Blanch, 2023.
5. Ibáñez Rivas, Juana María. *Comentario a la Convención Americana sobre Derechos Humanos.* Segunda. Bogotá: Nomos Impresores, 2019.
6. Igareda Diez De Sollano, María Dolores. *Diccionario Práctico de Derecho Constitucional.* Ciudad de México: Centro de Estudios Jurídicos Carbonell, A. C., 2020.
7. Molina Covarrubias, María Guadalupe. *Diccionario de Derecho Procesal Constitucional y Convencional.* Tercera. Querétaro: Instituto de Estudios Constitucionales del Estado de Querétaro, 2021, Vol. II.
8. Rivas Saavedra, Verónica Roxana. *El Desacato y el Carácter Obligatorio de la Jurisprudencia.* 3, 2010, Praxis de la Justicia Fiscal y Administrativa.
9. *Cuadernos de Jurisprudencia, núm 18. Derechos de Niñas, Niños y Adolescentes.* Ciudad de México: Centro de Estudios Constitucionales de la Suprema Corte de Justicia de la Nación, 2022.
10. *Protocolo para Juzgar con Perspectiva de Género.* Suprema Corte de Justicia de la Nación.
11. Jurisprudencia I.9o.P. J/18 CS (11a.), con registro digital: 2026465.

12. Jurisprudencia 1a./J. 101/2023 (11a.), con registro digital 2026918.
13. Amparo directo en revisión 517/2011.
14. Amparo directo en revisión 3394/2012.
15. Amparo directo en revisión 3797/2014.
16. Corte Interamericana de Derechos Humanos. *Caso Gonzales Lluy y Otros vs. Ecuador.* Sentencia del 1 de septiembre de 2015.
17. Corte Interamericana de Derechos Humanos. *Caso García Rodríguez y Otros vs. México.* Sentencia del 25 de enero de 2023.

Análisis jurídico a la sentencia «Campo Algodonero»

Con profundo respeto en memoria de todas las víctimas de feminicidio. Para sus familiares, solidaridad y empatía; para todas las autoridades, un reclamo de no más impunidad.

Sumario

I. Introducción

El 16 de noviembre de 2009, la Corte Interamericana de Derechos Humanos emitió la sentencia del Caso González y Otras [«Campo Algodonero»] *vs.* México, en la cual se acreditó la responsabilidad internacional del Estado mexicano, y se le condenó por haber infringido severamente diversas disposiciones tanto de la Convención Americana sobre Derechos Humanos como de la Convención Belém Do Pará, específicamente por la falta de debida diligencia en las investigaciones relacionadas con la desaparición y muerte de Claudia Ivette González, Esmeralda Herrera Monreal y Laura Berenice Ramos Monárrez, hechos ocurridos «en un contexto de violencia de género y discriminación sistemática contra la mujer»[210] en Ciudad Juárez, Chihuahua.

Para mayor abundamiento de este análisis jurídico, resulta necesario precisar de manera sintetizada algunos datos de la sentencia, y más importantemente los derechos de fuente internacional violados por el Estado mexicano. Para efecto de lo anterior, se toma la valiosa y extremadamente útil tabla de Pinacho Espinosa:[211]

210 *Cfr.* Caso González y Otras [«Campo Algodonero»] *vs.* México. Excepción Preliminar, Fondo, Reparaciones y Costas. Sentencia de 16 de noviembre de 2009. Serie C No. 205, párr. 134.

211 Pinacho Espinosa, Jacqueline. *Guía de jurisprudencia de la Corte Interamericana de Derechos Humanos*. Ciudad de México: Comisión Nacional de los Derechos Humanos, 2015. pág. 25.

Núm.	Nombre del caso	Derechos violados
V	*Caso González y Otras («Campo Algodonero») vs. México* Sentencia del 16 de noviembre de 2009 (Excepción Preliminar, Fondo, Reparaciones y Costas)	**En este caso el Estado reconoció parcialmente su responsabilidad internacional**. (Párrafos 20 a 30) **De la Convención Americana sobre Derechos Humanos**. Art. 4.1. Derecho al respeto, protección y a no ser privado arbitrariamente de la vida. (Párrafos 243 a 245) Art. 5.1. Derecho al respeto de la integridad física, psíquica y moral. (Párrafos 415 a 440) Art. 5.2. Derecho a no ser sometido a tortura, penas o tratos crueles inhumanos o degradantes. (Párrafos 415 a 440) Art. 7.1. Derecho a la libertad y seguridad personales. (Párrafos 247 a 286) Art. 8.1. Derecho al acceso a la justicia. (Párrafos 287 a 389) Art. 19. Derechos del niño (párrafos 407 a 411) Art. 25.1. Derecho a la protección judicial. (Párrafos 287 a 389) En relación con el artículo 1.1: Obligación de respetar y garantizar los derechos sin discriminación alguna (párrafos 393 a 402); y el artículo 2: Deber de adoptar disposiciones de Derecho interno para hacer efectivos tales derechos y libertades, de la misma Convención. También en relación con los siguientes artículos de la **Convención Interamericana para Prevenir, Sancionar y Erradicar la Violencia contra la Mujer**: Art. 7.b. Deber del Estado de actuar con la debida diligencia para prevenir, investigar y sancionar la violencia contra la mujer. Art. 7.c. Deber del Estado de incluir en su legislación interna las normas necesarias para prevenir, sancionar y erradicar la violencia contra la mujer.

Comporta trascendencia referir que la condena a México también se analizó por su incumplimiento en la «prevención de violaciones a Derechos Humanos»,[212] tal y como lo estatuyen los artículos 1.1. y 2 de la Convención Americana sobre Derechos Humanos.

Ahora bien, la centralidad de este análisis jurídico versará sobre qué avances ha hecho el Estado mexicano a raíz de la notificación de la sentencia, especialmente los poderes públicos tradicionales y órganos constitucionales autónomos, para, por último, expresar una serie de reflexiones sobre el tema.

---

212 Carbonell, Miguel y Caballero González, Edgar S. *Convención Americana de Derechos Humanos con Jurisprudencia*. Ciudad de México: Centro de Estudios Jurídicos Carbonell, A. C., 2018. pág. 15.

II. Análisis jurídico a la sentencia «Campo Algodonero»: medidas y avances del Estado mexicano una vez notificada la sentencia

II.1. Del Poder Legislativo

Con base en la línea cronológica [que no es posible desarrollar en este momento] en que sucedieron los hechos desde la desaparición de las víctimas[213] hasta la notificación de la sentencia[214] al Estado mexicano, *prima facie*, da la impresión de que el Estado trata de adelantarse a lo que sabe que serán medidas de adecuación a la normatividad jurídica interna para hacerla compatible con la Convención Americana sobre Derechos Humanos, tal y como se le ordenara a México en otros casos.[215]

Este razonamiento se apoya en que en el año 2007 se expidió la Ley General de Acceso de las Mujeres a una Vida Libre de Violencia,[216] y de la lectura a su exposición de motivos y al anteproyecto de dictamen respectivo, es posible advertir dos cuestiones que observa y atiende la sede legislativa: la primera, el reconocimiento de la violencia por cuestión de género; y la segunda, la situación especialmente grave en Ciudad

213 Año 2001.
214 10 de diciembre del año 2009.
215 Cabe recordar que el Caso «Campo Algodonero» es el quinto asunto analizado por la Corte Interamericana de Derechos Humanos, donde México es parte del litigio.
216 Publicada mediante decreto del 1 de febrero de 2007, en la edición matutina del Diario Oficial de la Federación.

Juárez, Chihuahua,[217] lugar donde desaparecieron y asesinaron no solo a Claudia, Esmeralda y Laura Berenice, sino a muchas mujeres más.

Dicho en otras palabras, considerando que la Comisión Interamericana de Derechos Humanos ya había aprobado la admisibilidad de los casos en sus informes números 16/05, 17/05 y 18/05, todos del 24 de febrero del 2005, el Estado reacciona y emite la Ley General de Acceso de las Mujeres a una Vida Libre de Violencia, lo cual puede ser considerado como un avance significativo porque identifica y reconoce la violencia de género.

Este marco jurídico es importante porque su *telos* radica esencialmente en prevenir, atender, sancionar y erradicar la violencia contra las mujeres, además de que al tratarse de una ley de tipo general, provoca la existencia de un ámbito materialmente concurrente en el cual se habilita a las entidades federativas para crear sus propias leyes sobre la materia.

Otro progreso importante fue la expedición de la Ley General para Prevenir, Investigar y Sancionar la Tortura y Otros Tratos o Penas Crueles, Inhumanos o Degradantes.[218] Si bien es cierto, la Corte Interamericana de Derechos Humanos no calificó en su sentencia como tortura las acciones sufridas por las tres víctimas del Caso «Campo Algodonero», dadas las vejaciones a las que fueron sometidas tanto las mujeres privadas de su vida por sus perpetradores como sus familiares por parte de las autoridades, esta disposición va en fuerte consonancia con el voto concurrente de la jueza interamericana Cecilia Medina Quiroga, tan es así que en la exposición de motivos de la iniciativa de ley propuesta por la senadora Angélica de la Peña Gómez, en la página 6, se hace referencia expresa al artículo 5.2 de la Convención Americana sobre Derechos Humanos, disposición jurídica

217 *Vid*. P.ej., pág. 1, último párr. de la exposición de motivos; y pág. 2, numeral tres, del anteproyecto del dictamen; ambos de la Ley General de Acceso de las Mujeres a una Vida Libre de Violencia.

218 Publicada en el Diario Oficial de la Federación el día 26 de junio del año 2017.

analizada por parte del Tribunal Interamericano en su sentencia contra el Estado mexicano.

Además, con motivo de la notificación de la sentencia se crea la Ley General de Víctimas,[219] cuyo objeto es, entre otros, «reconocer y garantizar los derechos de las víctimas del delito y de violaciones a derechos humanos, en especial el derecho a la asistencia, protección, atención, verdad, justicia, reparación integral, debida diligencia y todos los demás derechos consagrados en ella, en la Constitución, en los tratados internacionales de derechos humanos de los que el Estado Mexicano es parte y demás instrumentos de derechos humanos»,[220] y en la cual en su exposición de motivos si bien no se enuncia expresamente al Caso «Campo Algodonero», en el contenido de la iniciativa sí se nos permite apreciar que el Poder Legislativo al proponer esta ley es consciente de las «violaciones a derechos que han motivado sentencias de la Corte Interamericana de Derechos Humanos que no se han cumplido cabalmente»,[221] justamente como es el Caso González y Otras *vs.* México.

Uno de los efectos más sustanciales de la sentencia de la Corte Interamericana es que al dar cuenta de la violencia sistémica contra la mujer en razón de su género y establecer que la cúspide de esa violencia es la muerte de las mujeres, el legislador añade un nuevo bien jurídico tutelado en el ámbito del derecho penal. Respecto a este punto, su efecto fue de tal magnitud que lacónicamente se puede dividir en dos cuestiones: de constitucionalidad y de legalidad.

Pertinente a la cuestión de constitucionalidad, el Poder Reformador de la Constitución consideró importante —desde su punto de vista, pero cuestionable desde la óptica de los derechos humanos— incorporar en el artículo 19 constitucional el

219 Publicada en el Diario Oficial de la Federación el día 9 de enero de 2013.
220 Artículo 2, fracción II, de la Ley General de Víctimas.
221 Véase la exposición de motivos específicamente el contenido de la iniciativa por la que se expide la Ley General de Víctimas, pág. 3.

feminicidio dentro de los delitos que ameritan prisión preventiva oficiosa [no comporta en este análisis pronunciarnos sobre la inconvencionalidad de la prisión preventiva oficiosa, ni se desconoce la sentencia del Caso García Rodríguez y Otro *vs.* México, y tampoco se está de acuerdo con la forma en cómo el Estado mexicano aplica dicha medida cautelar, simplemente para el caso en concreto que nos ocupa resulta importante referirlo].

Por otra parte, atinente a la legalidad punitiva, el Congreso de la Unión reformó el Código Penal Federal para tipificar el feminicidio como delito en el año 2012; sobreviniendo diversas reformas hasta la fecha, que se han traducido tanto en un incremento de las penas como de las conductas tipificadas como feminicidio. Ahora, por identidad de razón, y a efecto de crear una tipificación armónica y estandarizada, los congresos locales adecuaron sus codificaciones penales para también tipificar el feminicidio como delito.

II.2. Del Poder Ejecutivo

En el Poder Ejecutivo también se advierten diversos avances en su esfera de competencia respecto a la implementación de políticas públicas ordenadas en la sentencia por la Corte Interamericana. En este sentido, conviene hacer una distinción entre las medidas adoptadas antes de la emisión de la sentencia, y posteriormente a la notificación de la misma.

Dentro de las acciones más destacadas y previas a que la Corte Interamericana resolviera el Caso González y Otras, es factible señalar la creación de los siguientes programas:

1. El Programa Nacional para la Prevención, Atención, Sanción y Erradicación de la Violencia contra las Mujeres [ProNaViM], en el año 2007. En este programa se buscaba establecer las acciones y estrategias para prevenir,

atender, sancionar y erradicar la violencia contra las mujeres en México,
2. Y la Red Nacional de Refugios para Mujeres, Niñas y Adolescentes en Situación de Violencia [Red Nacional de Refugios], del año 2007. El objetivo de esta red es brindar atención y protección a mujeres, niñas y adolescentes víctimas de violencia.

En el otro extremo, es decir, los avances de la administración pública después de que al Estado le fuera notificada la sentencia, se destaca:

1. La emisión de distintos Protocolos de Investigación y Atención a Víctimas de Violencia de Género, los cuales a grandes rasgos establecen las directrices para que las autoridades investiguen y atiendan de manera adecuada los casos de violencia contra las mujeres. Estos protocolos se elaboraron siguiendo las directrices y estándares internacionales ordenados por la Corte Interamericana en la sentencia.
2. La adopción del Mecanismo de Seguimiento de la Convención de Belém Do Pará [MESECVI] en el año 2014, cuyo objetivo es garantizar la implementación de los estándares internacionales establecidos por el Tribunal Regional en materia de violencia contra las mujeres.

Relacionado a la emisión de políticas públicas ordenadas por la Corte Interamericana en la sentencia, podemos hacer énfasis en que el Estado por conducto del Poder Ejecutivo Federal, en el Plan Nacional de Desarrollo 2013-2018, estableció como una estrategia transversal para el desarrollo nacional la perspectiva de género[222] al «incorporar la perspectiva de igualdad de género

222 Véase Plan Nacional de Desarrollo 2013-2018, figura 1.1, pág. 21.

en las políticas públicas, programas, proyectos e instrumentos compensatorios como acciones afirmativas de la Administración Pública Federal».[223]

En esta misma tesitura, en el Plan Nacional de Desarrollo 2019-2024 [operante y en vigor para el momento en que se elabora el presente análisis jurídico], el Ejecutivo Federal colocó como una estrategia específica la prevención especial de la violencia y el delito, «poniendo especial énfasis en el combate a los crímenes que causan mayor exasperación social como los delitos sexuales, **la violencia de género en todas sus expresiones...**».[224]

En este corolario, es especialmente relevante la Ley General de Educación en su artículo 29, último párrafo, pues impone un mandato expreso a instituciones públicas y privadas que proporcionen educación, al disponer que:

> ... En los planes de estudio se establecerán:
>
> [...] Los planes y programas de estudio tendrán perspectiva de género para, desde ello, contribuir a la construcción de una sociedad en donde a las mujeres y a los hombres se les reconozcan sus derechos y los ejerzan en igualdad de oportunidades.

Por consiguiente, tanto la Secretaría de Educación Pública Federal como las de las entidades federativas deben aplicar la perspectiva de género en sus planes y programas de estudio, así como vigilar que las instituciones privadas cumplan igualmente con este deber.

Per se, la incorporación de la perspectiva de género en los planes y programas de estudio es altamente valiosa, pues se estima

223 *Ibid.*, pág. 104.
224 Plan Nacional de Desarrollo 2019-2024, pág. 30. [el realce es añadido]

que es un avance a lo ordenado por la Corte Interamericana en su sentencia[225] contra México.

Por último, en todos los niveles de gobierno de la administración pública se llevan a cabo cursos y talleres contra la violencia hacia la mujer y perspectiva de género, indistintamente de que las y los funcionarios realicen o no actividades en la prevención y persecución del delito.[226]

II.3. Del Poder Judicial

Concerniente a este poder constituido también es posible avizorar avances después de la notificación de la sentencia «Campo Algodonero». Las medidas adoptadas por el Poder Judicial —especialmente el federal— se encuentran encaminadas a la administración e impartición de justicia con la aplicación del derecho con perspectiva de género para resolver controversias.

Los esfuerzos son múltiples y se proyectan de distintas formas, a saber:

i. **Protocolos:** En el año 2013, «la Suprema Corte de Justicia de la Nación, emitió el Protocolo para Juzgar con Perspectiva de Género, instrumento que sistematiza los estándares aplicables sobre el tema con la finalidad de guiar a las y los impartidores de justicia en la implementación de esta metodología».[227] Posteriormente, en el año 2020, el Tribunal Constitucional presentó un nuevo Protocolo para Juzgar con Perspectiva de Género, con un contenido mucho más sustantivo y una nueva metodología de aplicabilidad.

225 *Vid.* Caso González y Otras *vs.* México, párr. 543.

226 Específicamente me refiero únicamente a agentes policiacos dependientes de los poderes ejecutivos de los tres niveles.

227 Amparo directo en revisión 5999/2016, foja 16.

ii. **Manuales:** En los años 2021 y 2022, el Alto Tribunal emitió diversos manuales de juzgamiento con perspectiva de género especializados por materia, tales como: el Manual sobre los efectos de los estereotipos en la impartición de justicia, el Manual para Juzgar con Perspectiva de Género en Materia Penal, Manual para Juzgar con Perspectiva de Género en Materia Laboral, Manual para Juzgar con Perspectiva de Género en Materia Familiar, Manual para juzgar con perspectiva de género en materia administrativa.

iii. **Criterios judiciales:** La Primera Sala de la Suprema Corte de Justicia de la Nación ha sido prolija en el desarrollo de la doctrina jurisprudencial con perspectiva de género. De los diversos criterios que ha emitido, dos me parecen que revisten de importancia y trascendencia: la jurisprudencia 1a./J. 22/2016 (10a.)[228] tiene un alto valor sustantivo porque estableció una metodología de seis pasos para dotar de contenido el acceso a la justicia en condiciones de igualdad para juzgar con perspectiva de género. El otro criterio es la tesis aislada 1a. XXVII/2017 (10a.),[229] que tiene como efecto complementar a la jurisprudencia antes citada.

iv. **Cuadernos de jurisprudencia:** El Centro de Estudios Constitucionales de la Suprema Corte ha emitido diversos cuadernos de jurisprudencia, para el análisis que nos atañe interesa el cuaderno de jurisprudencia «Igualdad y no discriminación. Género», que establece un subtema completo sobre las líneas jurisprudenciales relativas

228 Consultable en el Semanario Judicial de la Federación, con registro digital 2011430, y que lleva por rubro «Acceso a la justicia en condiciones de igualdad. Elementos para juzgar con perspectiva de género».

229 Publicada en el Semanario Judicial de la Federación el 10 de marzo de 2017, con número de registro digital 2013866, de rubro «Juzgar con perspectiva de género. Concepto, aplicabilidad y metodología para cumplir dicha obligación».

al feminicidio.[230] Esta herramienta es fundamental en la enseñanza del derecho como en el ejercicio práctico de la abogacía.

v. **Educación continua:** Tanto las Casas de la Cultura Jurídica como la Escuela Federal de Formación Judicial, a lo largo de cada año ofrecen permanentemente diplomados, conferencias, seminarios, cursos y talleres para sensibilizar y concientizar sobre feminicidios, violencia contra la mujer, discriminación en razón de género, asimetrías de poder y perspectiva de género; algunos de estos medios educativos van dirigidos solo a integrantes del Poder Judicial Federal, otros tantos pueden ser tomados por personal de organismos judiciales locales, e incluso algunos de los programas educacionales que se ofertan gratuitamente están disponibles para personas abogadas, estudiantes de derecho y público en general.

El avance del Estado respecto a las acciones desplegadas por el Poder Judicial Federal está directamente relacionado con lo ordenado por la Corte Interamericana en su sentencia, y esto resulta particularmente importante para la aplicación del derecho en sede nacional, pues aunque se ha tenido un impacto significativo en la justiciabilidad de casos que involucren situaciones como las que derivaron del Caso «Campo Algodonero», no se soslaya que el avance y aceptabilidad de dichas medidas, e incluso las creadas por órganos judiciales locales han sido paulatinas y lentas, pues de lo contrario no sería posible entender por qué tantos amparos han sido resueltos y otorgados por los Tribunales Colegiados de Circuito como por las Salas de la Suprema Corte de Justicia de la Nación.

---

230 Centro de Estudios Constitucionales de la Suprema Corte de Justicia de la Nación. Cuadernos de Jurisprudencia, núm 7. Igualdad y no discriminación. Género. Ciudad de México: Centro de Estudios Constitucionales de la Suprema Corte de Justicia de la Nación, 2021. págs. 112-118.

II.4. De los Órganos Constitucionalmente Autónomos

Este análisis jurídico también se ocupará en estudiar, de forma sucinta, los avances realizados por la Fiscalía General de la República y la Comisión Nacional de los Derechos Humanos, respecto a la sentencia del Caso «Campo Algodonero», pues estos dos organismos como «entes públicos eminentemente técnicos establecidos y configurados a rango constitucional, que no se encuentran adscritos a los poderes Legislativo, Ejecutivo ni Judicial sino, al contrario, tienen con aquellos una relación de coordinación que lleva a que cuenten con una paridad de rango»;[231] al ser órganos del Estado mexicano, también se encuentran vinculados a los efectos de dicha sentencia.

En el año 2016, el Ministerio Público de la Federación se desincorporó del Poder Ejecutivo Federal, para que la entonces Procuraduría General de la República pasara a denominarse Fiscalía General de la República. Con la creación de este órgano constitucional dotado de autonomía, también se creó la Fiscalía Especializada en Delitos de Violencia Contra las Mujeres y Trata de Personas, y se le dio un énfasis transversal a la perspectiva de género en la prevención y persecución de los delitos por cuestión de género.[232]

Por lo que atiende a la Comisión Nacional de los Derechos Humanos, además de emprender recomendaciones con mayor ahínco en la perspectiva de género, y contra la violencia hacia la mujer, especialmente en aquellos casos que traten sobre feminicidios, también realiza campañas de sensibilización, y ha puesto a disposición de cualquier persona diversos cursos y diplomados

231 Zeind Chávez, Marco Antonio. Organismo constitucional autónomo. [coords.] Raúl Contreras Bustamante y Jesús de la Fuente Rodríguez. *Diccionario Jurídico*. Ciudad de México: Tirant lo Blanch, 2019, pág. 1296.

232 Véanse los artículos 11, fracción VIII; 13, fracción VIII; 19, fracciones XXXV, XLVI y XLVIII; 40, fracción XI, inciso f, y 51 de la Ley de la fiscalía general de la República.

entre los que destacan el Diplomado Derechos Humanos desde la Perspectiva de Género, y el Diplomado Impartición de Justicia con Perspectiva de Género. Esto pone de relieve el denuedo de la CNDH por capacitar y educar a la población en general sobre la importancia de la perspectiva de género en un intento por erradicar la violencia y discriminación contra la mujer.

III. Conclusiones

El Caso González y Otras («Campo Algodonero») *vs.* México, fue el primer caso contencioso en el que la Corte Interamericana condenó a un Estado parte de la Convención Americana por incumplir el deber de debida diligencia en la investigación y prevención de feminicidio, cometida por agentes no estatales en un contexto de discriminación histórica y violencia sistemática contra las mujeres;

> asimismo, por primera vez el Tribunal se refiere el concepto de «feminicidio», y entre los muchos términos que desarrolla la sentencia, es de particular importancia dentro del deber de garantía, la noción de «debida diligencia reforzada» para casos de violencia contra las mujeres, fundamentado ello en las disposiciones de la Convención de Belem do Pará.[233]

La sentencia, por un lado, es un hito por lo significativa y ejemplar que es, ya que introdujo por primera vez el concepto de «sentencia transformadora y correctiva»,[234] cuyo efecto primordialmente consiste en revertir y corregir de forma material la discriminación y violencia generalizada en contra de la mujer, además de traer dentro de sí misma el concepto de perspectiva de género; y bajo otro enfoque muy importante, «la Corte razonó

---

233 Salvioli, Fabián. *El Sistema Interamericano de Protección de los Derechos Humanos. Instrumentos, órganos, procedimientos y jurisprudencia.* [ed.] Rogelio Flores Pantoja, y otros. Querétaro: Instituto de Estudios Constitucionales del Estado de Querétaro, 2020. pág. 159.

234 *Vid.* Caso González y Otras *vs.* México, párr. 450.

que el Estado mexicano incumplió "la debida diligencia para prevenir, investigar y sancionar la violencia contra la mujer", al señalar que: "[...] Este incumplimiento del deber de garantía es particularmente serio debido al contexto conocido por el Estado —el cual ponía a las mujeres en una situación especial de vulnerabilidad— y a las obligaciones reforzadas impuestas en casos de violencia contra la mujer por el artículo 7.b de la Convención Belém do Pará"»,[235] lo que permitió al Tribunal Internacional Regional reafirmar su competencia *ratione materiae,* respecto al instrumento interamericano en cuestión.

Si bien no se desconoce que los aspectos fácticos del caso ocurren en Ciudad Juárez, Chihuahua, la sentencia de la Corte Interamericana condena al Estado mexicano como unidad para efectos del derecho internacional. Así pues, es prudente recordar lo razonado por el entonces juez interamericano Sergio García Ramírez en el caso Myrna Mack Chang *vs.* Guatemala. En el párrafo 27 de su voto apunta que:

> No es posible seccionar internacionalmente al Estado, obligar ante la Corte solo a uno o algunos de sus órganos, entregar a estos la representación del Estado en el juicio —sin que esa representación repercuta sobre el Estado en el su conjunto— y sustraer a otros de este régimen convencional de responsabilidad, dejando sus actuaciones fuera del "control de convencionalidad" que trae consigo la jurisdicción de la Corte internacional.[236]

235 Caballero González, Edgar S. Las sentencias de la Corte Interamericana de Derechos Humanos. Clasificaciones desde el léxico de la comparación jurídica. [coord.] Giovanni A. Figueroa Mejía. *Tipología y efectos de las sentencias constitucionales, regionales y supranacionales.* Ciudad de México: Centro de Estudios Constitucionales de la Suprema Corte de Justicia de la Nación, 2022, Vol. II, 34, pág. 1676.

236 Carbonell, Miguel. *Teoría de los derechos humanos y del control de convencionalidad.* Ciudad de México: Centro de Estudios Jurídicos Carbonell, A. C., 2014. pág. 141.

De esta manera, tanto lo dicho por García Ramírez [y los posteriores desarrollos del control de convencionalidad] como por lo ordenado por la Corte Interamericana en la sentencia de «Campo Algodonero», todos los órganos del Estado mexicano están vinculados al cumplimiento de la sentencia; es decir, los tres niveles de gobierno y los organismos constitucionales autónomos.

El pasado 10 de diciembre del 2024 se cumplieron quince años de que al Estado mexicano le fuera notificada la sentencia, y aquí habría que preguntarnos si en verdad se ha cumplido lo ordenado por la Corte Interamericana de Derechos Humanos. La respuesta es que no, tan es así que el caso sigue en etapa de supervisión de cumplimiento. Sin embargo, más allá de esta cuestión no menos importante, quiero centrar esta reflexión final en determinar si la vocación transformadora y correctiva de la sentencia ha causado algún efecto material que permita atisbar si se ha logrado, por lo menos, disminuir la discriminación y la violencia contra la mujer.

La respuesta también es negativa, más allá de que este estudio jurídico, *prima facie*, probó ciertos avances entre los poderes públicos y dos órganos constitucionales autónomos, estos progresos son meramente formales y no atienden a una concretización material, real y efectiva; por el contrario, la violencia contra la mujer en cualquiera de sus manifestaciones, incluyendo el feminicidio, se ha recrudecido a nivel nacional.

Lo anterior se demuestra ya que en el ámbito internacional después de la sentencia del Caso «Campo Algodonero», el Estado mexicano ha sido condenado por la Corte Interamericana por hechos reprochables de violencia contra las mujeres en los Casos Fernández y Ortega y Otros *vs.* México;[237] Rosendo Cantú y Otra *vs.* México;[238] Mujeres Víctimas de Tortura Sexual en

237 Corte IDH. Caso Fernández Ortega y otros *vs.* México. Excepción Preliminar, Fondo, Reparaciones y Costas. Sentencia de 30 de agosto de 2010. Serie C No. 215.

238 Corte IDH. Caso Rosendo Cantú y otra *vs.* México. Excepción Preliminar, Fondo, Reparaciones y Costas. Sentencia de 31 de agosto de 2010. Serie C No. 216.

Atenco *vs.* México;[239] y más recientemente el 24 de agosto del año 2023, la Comisión Interamericana de Derechos Humanos remitió a la Corte Interamericana el caso «sobre la violación sexual de Ernestina Ascencio Rosario por parte de miembros del Ejército en 2007 y su subsecuente muerte por falta de atención médica, así como por la impunidad de los hechos»,[240] este último caso, no me queda duda alguna, terminará siendo una nueva y vergonzosa sentencia de condena contra el Estado mexicano.

Bajo este mismo razonamiento, la discriminación y violencia de género se han extendido prácticamente a todo el país, si en el Caso «Campo Algodonero» la situación se encontraba focalizada en Ciudad Juárez, hoy no hay entidad federativa ni municipio en México que no registre aumento en la violencia contra las mujeres y/o feminicidios.

A colación, hay dos ejemplos que, si bien no son los únicos, fueron recientemente muy conocidos mediáticamente: el primero, el feminicidio y revictimización de Debanhi Escobar, cuya tumba —al momento de redactar este análisis jurídico— fue vandalizada y saqueada; y el segundo, el feminicidio de Ariadna Fernanda López, el cual se presume fue encubierto por el fiscal de Morelos.

Por metodología, este análisis jurídico se escindió por cada poder público y organismos constitucionalmente autónomos, para estudiar lo que cada uno ha realizado en sus respectivas competencias en aras de demostrar sus avances a lo ordenado por la Corte Interamericana en la sentencia. Es un hecho notorio que los logros son únicamente resultados formales, pero que estos no son suficientes sino nulos en razón de que no han logrado trascender a un resultado material que incida efectivamente en revertir y prevenir los delitos por razón de género, así como

---

239 Corte IDH. Caso Mujeres Víctimas de Tortura Sexual en Atenco *vs.* México. Excepción Preliminar, Fondo, Reparaciones y Costas. Sentencia de 28 de noviembre de 2018. Serie C No. 371.

240 Comisión Interamericana de Derechos Humanos. *https://www.oas.org/*. [En línea] 24 de agosto de 2023. [Citado el: 25 de diciembre de 2023.] https://www.oas.org/es/CIDH/jsForm/?File=/es/cidh/prensa/comunicados/2023/195.asp

realizar las investigaciones con la diligencia reforzada que estos casos requieren.

En términos fácticos y de *iure,* el Estado no ha sido capaz de remover los obstáculos que impiden el goce pleno de los derechos de las mujeres, especialmente el de vivir una vida libre de violencia.

Primeramente, los Poderes Legislativos parecen tener la creencia de que por aumentar las penas por el delito de feminicidio, este como efecto reflejo va a desaparecer.

Por otro lado, los Poderes Ejecutivos no implementan capacitación real y objetiva con perspectiva de género a las fuerzas de seguridad pública y seguridad nacional, así como tampoco parece que se haya implementado efectivamente en los planes y programas de estudio la perspectiva de género, ni se vigila que los particulares que proporcionan educación cumplan con esta obligación impuesta por la Ley General de Educación.

En el mismo sentido, los Poderes Judiciales a pesar de las muchas herramientas que se han creado, en las controversias los y las titulares de organismos jurisdiccionales continúan sin conocer la perspectiva de género, y por ende no la aplican, especialmente en asuntos donde las asimetrías de poder son más evidentes como son las temáticas del orden laboral, penal[241] y familiar.

Igualmente, los agentes ministeriales federales o locales muestran una eficacia irrisoria para lograr la vinculación a proceso, y obtener sentencias de condena a quienes cometieron el delito de feminicidio, ya sea porque los Ministerios Públicos tienen poca o nula pericia para integrar correctamente las carpetas de investigación con suficiencia probatoria, o porque son incapaces de armar una teoría del caso verosímil, o porque obtienen

241 P. ej. en el amparo directo en revisión 5999/2016, resuelto por la Primera Sala de la Suprema Corte, tanto el Tribunal de Apelación como el Tribunal Colegiado de Circuito se desapartaron injustificadamente de la doctrina jurisprudencial de la Corte en relación a la obligación de juzgar con perspectiva de género.

material probatorio violando derechos humanos; originándose por ello que se expulsen esas pruebas del proceso. Por si fuera poco, constantemente tienden a minimizar las denuncias presentadas por mujeres que aducen ser víctimas de violencia, no otorgan medidas de protección ni solicitan órdenes de restricción, lo que en muchos casos deriva en la privación de la vida de las denunciantes.

Respecto a las Comisiones de Derechos Humanos, sus facultades y atribuciones en relación a las recomendaciones que emiten son —a mi parecer— muy acotadas, y aunque considero altamente valioso el esfuerzo que hacen con las campañas que realizan, y la capacitación que proporcionan a las personas en general, esta oferta educativa es poco conocida, y la población no muestra interés por el aprendizaje.

Se tiene mucha coincidencia con Medina Rosas, quien propone los siguientes cuatro ejes sustantivos de la sentencia y los retos que implica su cabal cumplimiento: «1) comprender la violencia contra las mujeres como una forma de discriminación y situar el debate específico sobre el feminicidio; 2) la perspectiva de género y su reconocimiento como una herramienta metodológica indispensable para garantizar la igualdad entre mujeres y hombres en el acceso a la justicia; 3) reflexionar en la reparación del daño integral y transformadora como una vía concreta desde el acceso a la justicia para erradicar la discriminación y la violencia contra las mujeres; y, 4) la reflexión al sistema de indicadores de cumplimiento progresivo de obligaciones en materia de derechos humanos, como una herramienta que permite tener presente que, para prevenir y erradicar la violencia contra las mujeres, es necesario incidir en la estructura del Estado, así como realizar acciones desde la interdependencia de los derechos humanos».[242]

---

242 *Cfr.* Medina Rosas, Andrea. El acceso a la justicia como herramienta indispensable para erradicar la violencia contra las mujeres. La sentencia del Caso González y otras [«Campo Algodonero»] *vs.* México. *México ante la Corte Interamericana de Derechos Humanos,*

Finalmente, erradicar la discriminación y la violencia por género es un aspecto cultural y educativo, tanto de lo que se aprende en casa como lo que se enseña en las aulas. El efecto transformador y correctivo del que habla la sentencia de la Corte Interamericana se dirige también hacia el elemento humano nacional del Estado mismo, pues cuando se condena a un Estado no solo se condena a sus órganos, sino también a sus elementos, y las personas habitantes somos uno de los elementos del Estado.

Si bien, sostengo que los particulares tenemos responsabilidad de cumplimiento de las sentencias, esta comporta un nivel y grado mucho menor que la que tienen los agentes del Estado como tales, pero al fin y al cabo no deja de ser responsabilidad, y estamos obligados también a asumirla en lo que nos concierne.

---

del Caso Martín del Campo al Caso Digna Ochoa. Ciudad de México: Suprema Corte de Justicia de la Nación, 2022, pág. 91.

IV. Fuentes de consulta y referencias

1. Centro de Estudios Constitucionales de la Suprema Corte de Justicia de la Nación. *Cuadernos de Jurisprudencia, núm 7. Igualdad y no discriminación. Género.* Ciudad de México: Centro de Estudios Constitucionales de la Suprema Corte de Justicia de la Nación, 2021.
2. Caballero González, Edgar S. Las sentencias de la Corte Interamericana de Derechos Humanos. Clasificaciones desde el léxico de la comparación jurídica. [coord.] Giovanni A. Figueroa Mejía. *Tipología y efectos de las sentencias constitucionales, regionales y supranacionales.* Ciudad de México: Centro de Estudios Constitucionales de la Suprema Corte de Justicia de la Nación, 2022, Vol. II, 34.
3. Carbonell, Miguel y Caballero González, Edgar S. *Convención Américana de Derechos Humanos con Jurisprudencia.* Ciudad de México: Centro de Estudios Jurídicos Carbonell, A.C, 2018.
4. Carbonell, Miguel. *Teoría de los derechos humanos y del control de convencionalidad.* Ciudad de México: Centro de Estudios Jurídicos Carbonell, A. C., 2014.
5. Medina Rosas, Andrea. El acceso a la justicia como herramienta indispensable para erradicar la violencia contra las mujeres. La sentencia del Caso González y otras ("Campo Algodonero") *vs.* México. *México ante la Corte Interamericana de Derechos Humanos, del Caso Martín del Campo al Caso Digna Ochoa.* Ciudad de México: Suprema Corte de Justicia de la Nación, 2022.
6. Pinacho Espinosa, Jacqueline. *Guía de jurisprudencia de la corte interamericana de derechos humanos.*

Ciudad de México: Comisión Nacional de los Derechos Humanos, 2015.

7. Zeind Chávez, Marco Antonio. Organismo constitucional autónomo. [coords.] Raúl Contreras Bustamante y Jesús de la Fuente Rodríguez. *Diccionario Jurídico.* Ciudad de México: Tirant lo Blanch, 2019.
8. Constitución Política de los Estados Unidos Mexicanos.
9. Convención Americana sobre Derechos Humanos.
10. Convención Belém Do Pará.
11. Ley de la Fiscalía General de la República.
12. Ley General de Acceso de las Mujeres a una Vida Libre de Violencia; su exposición de motivos y anteproyecto de dictamen.
13. Ley General de Educación.
14. Ley General de Víctimas; y su exposición de motivos.
15. Ley General para Prevenir, Investigar y Sancionar la Tortura y Otros Tratos o Penas Crueles, Inhumanos o Degradantes; y su exposición de motivos.
16. Corte IDH. Caso Fernández Ortega y otros *vs.* México. Excepción Preliminar, Fondo, Reparaciones y Costas. Sentencia de 30 de agosto de 2010. Serie C No. 215.
17. Corte IDH. Caso Rosendo Cantú y otra *vs.* México. Excepción Preliminar, Fondo, Reparaciones y Costas. Sentencia de 31 de agosto de 2010. Serie C No. 216.
18. Corte IDH. Caso Mujeres Víctimas de Tortura Sexual en Atenco *vs.* México. Excepción Preliminar, Fondo, Reparaciones y Costas. Sentencia de 28 de noviembre de 2018. Serie C No. 371.
19. Tesis 1a./J. 22/2016 (10a.), con registro digital 2011430.
20. Tesis 1a. XXVII/2017 (10a.), con registro digital 2013866.
21. Amparo directo en revisión 5999/2016.
22. Plan Nacional de Desarrollo 2013-2018.
23. Plan Nacional de Desarrollo 2019-2024.
24. Comunicado de prensa 2023/195 de la CIDH, de fecha 24 de agosto de 2023.

Ensayo crítico a la sentencia del caso Youngstown Sheet & Tube *vs.* Sawyer

A las y los amantes del derecho administrativo y del derecho constitucional.
Que los derechos y libertades sean inmunes al poder y sirvan como límites al mismo.

Sumario

I. Introducción

La sentencia Youngstown Sheet & Tube Co. *vs.* Sawyer,[243] discutida los días 12 y 13 de mayo del año 1952, y que fuese decidida el 2 de junio de esta misma anualidad, es una de las sentencias que podríamos considerar paradigmáticas dentro de la doctrina de la Suprema Corte de los Estados Unidos, especialmente porque conformó un precedente respecto a los límites constitucionales del Presidente en la teoría de la separación de poderes y de los pesos y contrapesos.

El trabajo que ahora se ofrece comprenderá un ensayo crítico, siendo indispensable precisar los puntos más importantes en torno al asunto, y que a continuación se señalarán brevemente para un mejor entendimiento de este estudio:

- Los Estados Unidos se habían involucrado en la guerra de Corea [1950-1953].
- Al no ser fructíferas las negociaciones obrero-patronales en el marco de un nuevo convenio laboral, los trabajadores de la industria del acero se irían a huelga.
- El entonces Presidente de los Estados Unidos, Harry S. Truman, preocupado porque la huelga provocara la paralización de la producción de acero que sirve como componente esencial de municiones y materiales de guerra, emite la Orden Ejecutiva 10340 para confiscar y operar las acererías.

243 La sentencia en su integridad puede visualizarse en español en el siguiente sitio web, teniendo el traductor del navegador en activo: https://caselaw.findlaw.com/court/us-supreme-court/343/579.html

- La Orden Ejecutiva habilita y ordena al Secretario de Comercio Charles Sawyer a realizar todas las acciones que garanticen la ininterrupción de la fabricación de acero.
- El Secretario de Comercio, al cumplir con la Orden Ejecutiva, procede materialmente a confiscar las plantas acereras y ordenar a los presidentes de las mismas a que las operen como gerentes operativos.
- Contra esta acción, las acererías demandan al secretario de Comercio ante un Tribunal de Distrito, el cual dictó una orden judicial preliminar «que impedía al secretario «continuar con la incautación y posesión de las plantas...».[244]
- Posteriormente, el Tribunal de Apelaciones suspendió la orden del Tribunal de Distrito, considerando que era mejor que la Corte Suprema conociera y resolviera el asunto, por lo que se concedió el *certiorari*.[245]
- En una votación de 6-3, la Corte Suprema resolvió confirmar la decisión del Tribunal de Distrito al enjuiciar y razonar que la Orden Ejecutiva impugnada no encontraba sustento en ninguna ley del Congreso de los Estados Unidos ni en la Constitución de aquel país.

Una vez referido, lacónicamente, el marco fáctico y procesal, se instituye la metodología y el enfoque de este ensayo crítico a la sentencia que ahora nos ocupa.

Esta modesta y respetuosa crítica que se hará a la sentencia Youngstown Sheet & Tube Co. *vs.* Sawyer versará sobre tres ejes: en el primero, voy a referirme a la fórmula desarrollada por el

---

244 Sentencia Youngstown Sheet & Tube Co. *vs.* Sawyer, pág. 584.

245 Podríamos decir, *ad cautelam*, que esta figura guarda semejanza con la reasunción de competencia originaria o facultad de atracción de nuestra Suprema Corte de Justicia de la Nación. Véase la jurisprudencia 2a./J. 33/2012 (10a.), con registro digital 2000579. Fuente: Semanario Judicial de la Federación y su Gaceta. Libro VII, abril de 2012, Tomo 2, página 1033.

Juez Jackson en su voto concurrente, específicamente a la forma en cómo se pueden justipreciar las actuaciones del presidente, y que a mi juicio existe un cuarto elemento dentro del parámetro establecido por el Juez.

En el segundo apartado, señalaré la oportunidad que deja pasar la Corte al evitar pronunciarse sobre la violación al derecho a la seguridad jurídica desde el punto de vista constitucional; y por último, hablaré sobre la usurpación de poderes que realizó el Presidente y que derivó en una violación manifiesta a la Constitución de los Estados Unidos.

II. La sentencia Youngstown Sheet & Tube Co. *vs.* Sawyer

II.1. La «fórmula Jackson» como parámetro para resolver los conflictos entre los Poderes Ejecutivo y Legislativo

La sentencia del caso que ahora se ensaya críticamente, tiene una alta valía dentro de la doctrina constitucional de la Corte Suprema de los Estados Unidos, pues como bien apunta Robert S. Barker «se ha convertido en el marco jurídico para analizar conflictos entre el Congreso y el presidente».[246]

En los votos concurrentes se encuentra el del Juez Jackson, quien —en mi opinión—, instaura un parámetro de lo que hoy en día podríamos considerar una metodología de adjudicación constitucional.

Este criterio «estableció la doctrina de la flexibilidad de las competencias presidenciales, categorizando las alternativas de actuación unilateral del presidente dentro del sistema constitucional estadounidense del siguiente modo: 1) El accionar del presidente dispone a su favor de una autorización expresa o tácita del Congreso. Cualquier acción del presidente, en este contexto, supondría una sumatoria de las atribuciones reconocidas por la Constitución y de la habilitación otorgada por el Congreso; 2) La inacción, indiferencia o aquiescencia del Congreso en aquellas áreas en las que existe una concurrencia

---

246 Separación de poderes en los Estados Unidos: resumen y actualización. Barker, Robert S. 68, Buenos Aires: Facultad de Derecho y Ciencias Sociales, 1995, Lecciones y Ensayos, pág. 10.

o imprecisa asignación de competencias entre el presidente y el Congreso configuran la categoría de mayor imprecisión y la más riesgosa en términos jurídicos e institucionales [...]; 3) Una actuación presidencial contraria a la voluntad del Congreso genera tensiones entre las atribuciones constitucionales de los poderes Ejecutivo y Legislativo, por lo que, en esas condiciones, el margen de maniobra institucional válido para el presidente se reduce considerablemente.[247]

Como ya se dijo, este método es de gran importancia para el sistema de precedentes de la Corte Suprema. Aunque, en la particularidad, discierno que en este voto concurrente se elude una cuestión de constitucionalidad que creo era pertinente y hasta jurídicamente obligatoria.

Del entendimiento a las tres gradas establecidas por el Juez Jackson dentro de esta fórmula de resolución de tensiones entre poderes, la legitimidad del Presidente puede encontrarse en su punto más alto si obra conforme a lo que le ha sido facultado por la Constitución y por el Congreso; luego, la legitimidad disminuye si la autoridad del Presidente concurre con la del Congreso, pero el Ejecutivo decide actuar de manera unipersonal por medio únicamente de sus poderes constitucionales; y por último, la legitimidad del Presidente se sitúa en su nivel más bajo cuando actúa contra los deseos del Congreso.

A pesar de que esta norma, *prima facie*, parece ser suficientemente adecuada y completa para resolver tensiones entre los dos poderes con cartas democráticas de representatividad, me parece criticable que no se insertara una cuarta grada que daría mayor coherencia e integrabilidad al sistema.

El Presidente, con la emisión de la Orden Ejecutiva 10340, no solamente actúo directamente contra los deseos del Congreso,

---

247 Maya Mendoza, José Luis. Youngstown Sheet & Tube Co. *vs*. Sawyer (1952). División de poderes. [coord.] Ricardo Alfredo Sodi Cuellar. Sentencias relevantes de la Corte Suprema de los Estados Unidos: una revisión desde la judicatura mexiquense. Ciudad de México: Tirant lo Blanch, 2022, pág. 36.

que al promulgar la Ley Taft-Hartley «rechazó la posibilidad de instituir la figura de la confiscación como remedio para resolver problemas de naturaleza obrero-patronales»;[248] lo que no solo lo sitúa en la tercera grada de menor legitimidad, puesto que al arrogarse facultades de otro poder constituido, provoca que su actuación sea anticonstitucional por quebrantar el principio de separación de poderes.

Es ineludible cuestionar esta omisión en el voto concurrente del *justice* Jackson, puesto que la actuación del presidente Truman es, indudablemente, inconstitucional.

De esta forma, bien cabría una grada más en esta técnica en la que se abordara de lleno y con toda claridad la existencia de actos contrarios a la Constitución por parte del Presidente. Esto, a mi parecer, habría dado como resultado una metodología mucho más apegada a la realidad y materialmente más robusta, pues difícilmente puede sostenerse que la Orden Ejecutiva fue emitida únicamente en contra de los deseos de otro poder constituido [como lo es el Congreso]; su actuación va mucho más allá, es decir, contraviene la voluntad del pueblo soberano, cuyo poder está plasmado en la ley fundamental. Dicho en otras palabras, la Orden Ejecutiva es inconstitucional por haber invadido una esfera competencial que la Constitución no le otorga al Presidente sino al Congreso.

En palabras de Comanducci: «la omnipresencia de la constitución [...] informa por sí misma a todo el sistema: toda la legislación es entendida como actuación de la constitución y se interpreta a la luz de la constitución».[249] Si bien, este jurista habla de legislación, no podemos limitarnos solamente a ella, debemos ampliar su conceptualización y decir que los actos que

248 *Cfr*. Sentencia Youngstown Sheet & Tube Co. *V*. Sawyer. Voto concurrente del Juez Clark, pág. 663.

249 Comanducci, Paolo. Modelos e interpretación de la Constitución. [coord.] Miguel Carbonell. *Neoconstitucionalismo*. Ciudad de México: Centro de Estudios Jurídicos Carbonell, A. C., 2017, pág. 73.

emanen del Poder Ejecutivo también se encuentran inmersos y forman parte del sistema.

Por consiguiente, la Orden Ejecutiva emitida por el Presidente no se entiende ni se interpreta a la luz de la Constitución por encontrarse exógena a la norma primigenia y originaria. Así, la actuación se debe justipreciar como un acto inconstitucional, y en este sentido se habría tenido que pronunciar la Corte Suprema.

Cerremos este apartado señalando dos cosas: la primera, que «la principal preocupación del tribunal constitucional es la más amplia acción correctiva de todo el sistema»;[250] y la segunda, que «la misión del juez constitucional, en este contexto, se reconoce con claridad: su función es proteger la voluntad del Poder constituyente y garantizar, jurisdiccionalmente, la supremacía constitucional frente a la acción de los poderes constituidos».[251]

II.2. La oportunidad perdida en la sentencia

Los votos disidentes de la minoría reconocieron que «la Constitución ha sido tratada como un documento vivo adaptable a nuevas situaciones»,[252] con base a ello, reflexiono acerca de que la Corte Suprema no se ocupa de analizar un derecho que, en mi visión, es de suma importancia y del cual los Padres Fundadores hablaron tanto en la Declaración de Independencia como en El Federalista.

«Dos valores incorporados al ideal Estado de Derecho, son el de la separación de poderes y el de la certeza del derecho».[253] No obstante, yo considero que esta conceptualización de valores

250 Laskin, Bora. Citado por Barak, Aharon. *Un juez reflexiona sobre su labor: el papel de un Tribunal Constitucional.* [trad.] Estefanía Vela Barba. Ciudad de México: Dirección General de Planeadón de lo Jurídico de la Suprema Corte de Justicia de la Nación, 2008. pág. 1.

251 Rubio Llorente, Francisco. Citado por Nava Gomar, Luis Felipe. *Parlamento democrático y justicia constitucional.* Ciudad de México: Tirant lo Blanch, 2018. pág. 28.

252 Sentencia Youngstown Sheet & Tube Co. *V.* Sawyer. Votos disidentes de los Jueces Vinson; Reed; y Minton, pág. 683.

253 *Cfr.* Comanducci, Paolo, *op. cit.*, pág. 82.

en un Estado de derecho debe complementarse con el amplio catálogo en el mismo sentido al que se refiere Nava Gomar, el cual se conforma de la «supremacía constitucional, positivización constitucional de los derechos humanos y del Principio de la división de poderes».[254]

Lo anterior significa que los juristas Comanducci y Nava Gomar coinciden en las ideas del principio de la división de poderes y la certeza del derecho [especialmente los derechos fundamentales positivizados] como altos valores en un Estado constitucional de derecho.

Así pues, se debe tomar en cuenta que el Tribunal Constitucional estadounidense analiza el caso bajo tres premisas: (1) El asidero legal o constitucional de la Orden Ejecutiva, (2) la constitucionalidad de dicha ordenanza a la luz del principio de separación de poderes, y (3) la violación al derecho de propiedad con la confiscación de las acererías.

No es baladí recalcar que la Corte pierde una muy inestimable ocasión al evitar pronunciarse sobre la seguridad jurídica como un derecho que también fuera conculcado con la Orden Ejecutiva y la confiscación de las plantas acereras.

El pronunciamiento aquí vertido sobre la seguridad jurídica no se realiza bajo el crisol de la legalidad como producto normativo del Poder Legislativo, más bien se sitúa en el radio de constitucionalidad considerando que la Constitución es una norma garantizada[255] jurisdiccionalmente y con capacidad de interpretación y aplicación directa.

Primero, Thomas Jefferson en la Declaración de Independencia ofreció sólidos argumentos por los cuales la emancipación de las Colonias estaba justificada, *inter alia*, «que

254 Nava Gomar, Luis Felipe, *op. cit.*, pág. 148.
255 Entiéndase como «objeto de garantizar la regularidad de las funciones estatales, la anulación del acto inconstitucional es la que representa la garantía principal y más eficaz de la Constitución». Kelsen, Hans. *La garantía jurisdiccional de la Constitución. La justicia constitucional.* [trad.] Rolando Tamayo y Salmorán. Ciudad de México: Cento de Estudios Jurídicos Carbonell, A. C., 2107. pág. 35.

el pueblo tiene el derecho a [...] instituir un nuevo gobierno [...], y a organizar sus poderes en la forma que a su juicio ofrecerá las mayores probabilidades **de alcanzar su seguridad** y [...] establecer nuevos resguardos para su **futura seguridad**».[256]

Segundo, los autores de El Federalista [Jay, Madison y Hamilton] dan una tremenda importancia a la seguridad. Este tópico es citado *passim* en los 85 números que conformaron sus ensayos, mostrándose así su preocupación de que este derecho fuera plenamente reconocido y respetado, ya que si de algo habían padecido cuando fueron colonos de Inglaterra fue de inseguridad jurídica de distintas maneras; pero más consistentemente en la desproporcionalidad del pago de impuestos a la corona inglesa.

Ahora bien, la sentencia analiza el asunto de la confiscación meramente desde el punto de vista del derecho a la propiedad, pues para apoyar la *ratio decidendi*,[257] la Corte evoca la Quinta Enmienda que nos dice «no se tomará propiedad privada para uso público, sin una compensación justa». En una interpretación gramatical con leves matices de interpretación funcional, podemos inferir que esta disposición se encuentra dotada de tres normas: la primera, la protección a la propiedad privada; la segunda, que la expropiación solo opera para el uso o beneficio público; y la tercera, que de existir la expropiación se compensará justamente a quien se le privó de su propiedad.

Sobre el punto anterior no existe ni un resquicio de duda; el cuestionamiento que quiero plantear, y donde hago hincapié, es que la Corte perdió una importante oportunidad cuyo atisbo se ve en la conformación de la pregunta que se sigue:

---

256 *Cfr*. Cámara de Diputados. *Las constituciones de México 1814-1991*. Ciudad de México: Comité de Asuntos Editoriales México, 1991. págs. 495-496. [el realce es añadido].

257 Ilustra sobre el concepto la tesis 2a. CXII/2016 (10a.), con registro digital 2012995. Fuente: Gaceta del Semanario Judicial de la Federación. Libro 36, noviembre de 2016, Tomo II, página 1554.

¿La seguridad jurídica no podría significar también saber con total certeza lo que un poder constituido puede o no puede hacer de acuerdo con lo plasmado en la Constitución por el Poder Constituyente?

Definitivamente, si desde la sentencia *Marbury vs. Madison* la Corte ya había sentado un precedente sobre las competencias que despliega la Constitución a los poderes constituidos, entonces para la sentencia *Youngstown Sheet & Tube Co. vs. Sawyer* también habría aplicado y hubiera sido deseable que la Corte estudiara el caso como una violación a la seguridad jurídica, vista esta como un metamandato de rango constitucional que establece facultades y competencias a los poderes públicos.

Por lo anterior, puedo afirmar que la Orden Ejecutiva se halló revestida de una nocividad tal que no solo afectó la propiedad privada de quienes resintieron la incautación; tampoco se limitó solamente a invadir una esfera competencial destinada al Poder Legislativo —que derivó en una violación al principio de división de poderes y [dicho sea de paso] al principio de reserva de ley—, sino que durante su vigencia alteró el sistema constitucional de forma que conculcó la seguridad jurídica de lo que los gobernados sabían que podía o no podía hacer el presidente conforme a sus facultades constitucionales.

Si a la Constitución se le concibe como un instrumento vivo, entonces debemos aceptar que tiende a evolucionar y ofrecer medios adecuados para sus fines a pesar del transcurso del tiempo. Esto, a mi juicio, daba pauta para una «máxima libertad de intérprete y más intensa utilización del elemento evolutivo, pero orientado a valores».[258] **¿Y qué otro nivel en la axiología jurídica puede ser el más preciado y elevado que el respeto y protección de los derechos fundamentales mientras se**

258 Canosa Usera, Raúl. Interpretación evolutiva de los derechos fundamentales. [coords.] César Astudillo y Jorge Carpizo. *Constitucionalismo. Dos siglos de su nacimiento en América Latina.* Ciudad de México: Instituto de Investigaciones Jurídicas de la Universidad Nacional Autónoma de México, 2016, pág. 148.

potencian estos y se actúa conforme a la Constitución? Categóricamente ninguno.

Por consiguiente, al no haber estudiado el caso bajo esta perspectiva, la Corte Suprema pierde de vista esta coyuntura que hubiese servido para dotar de mayor contenido a los derechos fundamentales; circunscribiendo con más precisión los límites constitucionales del Presidente. Ello le habría permitido a la Corte explorar, quizá, la Novena Enmienda como la centralidad nuclear del derecho violado en cuestión.

II.3. La usurpación de poderes: una violación directa a la Constitución

Para el desarrollo de este apartado, quiero dejar en claro que existen dos tipos de representatividad democrática en los poderes Ejecutivo y Legislativo: por un lado, el Presidente goza de una representatividad democrática concentrada unipersonal; y, por el otro, el Congreso tiene una representatividad democrática difusa, articulada colegiadamente. Esto es, que el Presidente adquiere, mediante el sufragio popular, una concentración de poder amplia, pero que se ve limitada tanto por la Constitución como por el Congreso, al ser los legisladores los mayores depositarios de la representatividad democrática de sus representados.

De tal suerte que, por los abusos sufridos, los constituyentes hicieron de su diseño constitucional un gobierno federal tripartita basado en un sistema de pesos y contrapesos, tal y como lo señaló James Madison al referir que «esta política de proporcionar, por intereses de opositores y rivales, la falta de mejores motivos puede encontrarse en todo el sistema de asuntos del ser humano, tanto en lo privado como en lo público.

En particular, lo vemos en todas las distribuciones subordinadas de poder, donde el objetivo constante es la división y el manejo de varios cargos públicos de tal manera en que cada uno pueda ser un contrapeso contra el otro: el interés privado de cada individuo pueda ser un guardián que vigile los intereses públicos. Estas invenciones de la prudencia no pueden ser menos necesarias en la distribución de los poderes supremos del Estado».[259]

Dicho lo anterior, y considerando que en la sentencia se habla abundantemente de los argumentos ofrecidos por algunos de los Padres Fundadores autores de El Federalista, es imposible soslayar que la Corte Suprema si bien anula la Orden Ejecutiva confirmando la decisión del Tribunal de Distrito, lo que no dice es que el Presidente al apropiarse de una facultad conferida al Congreso por la Constitución, de facto, usurpó el Poder Legislativo y la representatividad democrática depositada en este órgano colegiado del Estado.

Es cierto que la Corte no convalida la Orden Ejecutiva del Presidente, de hecho mediante su sentencia remedia la actuación irregular y garantiza jurisdiccionalmente la Constitución.[260] Empero, si el Juez Frankfurter utilizó un lenguaje irónico para referirse al expresidente Harding como «un habitante fugaz del país de las hadas»,[261] tanto más debía existir una pronunciación seria y elocuente sobre lo que fue una violación concreta a la Constitución por parte del Presidente Truman y su Secretario de Comercio Sawyer.

En mi opinión, la Corte opta por utilizar un lenguaje políticamente correcto, argumentativamente denso [eso no se cuestiona], pero recatado y carente de objetividad semántica y realidad jurídica.

La actuación del Presidente tiene dos formas de entenderse y analizarse: en el aspecto formal, la sola emisión de la Orden Ejecutiva por sí misma se apropia de una facultad conferida constitucionalmente al Congreso, y en el aspecto material, la

---

259 *Equilibrio de poderes.* Madison, James. LI, Nueva York, 8 de febrero de 1788, El Federalista, pág. 2.
260 *V.* Kelsen, Hans, *op. cit.*,. pág. 35-64.
261 *Vid.* Sentencia Youngstown Sheet & Tube Co. *V.* Sawyer. Voto concurrente del Juez Frankfurter, pág. 593.

confiscación y toma de posesión de las acererías transgreden los derechos de propiedad y seguridad jurídica de los que ya hablamos anteriormente. Luego entonces, existen tres tipos de violaciones constitucionales: (i) la cometida a derechos fundamentales; (ii) la acontecida a altos principios fundantes; y (iii) la realizada a las potestades constitucionales.

Es verdad que la Corte Suprema reconoce ciertas facultades del Presidente en el ámbito legislativo como recomendar leyes o vetar las mismas. Lo que aquí se reprocha y se critica es que no se haya dicho de forma explícita y clara que existió una franca violación a la Constitución y que el Presidente se allegó indebidamente de poderes conferidos a otro poder constituido, lo que en realidad no fue otra cosa que una usurpación de poderes.

Esta afirmación se apoya con el siguiente argumento:

> Como el pueblo constituye la única fuente legítima del poder y de él procede la carta constitucional de que derivan las facultades de las distintas ramas del gobierno, parece estrictamente conforme a la teoría republicana volver a la misma autoridad originaria, no solo cuando sea necesario ampliar, disminuir o reformar los poderes del gobierno, sino también cada vez que cualquiera de los departamentos invada los derechos constitucionales de los otros.[262]

En esta parte de El Federalista número 49, lo que nos dicen abiertamente los autores es que, de entre varios supuestos, el último que es la invasión de las facultades constitucionales entre los poderes constituidos es una contravención a la voluntad del pueblo, y si esta soberanía es la fuente legítima del poder y de ella procede la carta constitucional, por ende al caso concreto, la

262 *Usurpación de Poderes*. James, Madison y Hamilton, Alexander. XLIX, Nueva York, 5 de febrero de 1788, El Federalista, pág. 2.

propia Orden Ejecutiva por sus efectos formales y materiales [ya explicados acápites atrás] violaron la Constitución.

A mi parecer, un pronunciamiento de esta naturaleza por parte de la Corte Suprema, hubiera sido tanto más deseable como necesario, pues habría sido un poderoso mensaje en ese momento y proyectado hacia el futuro sobre la intolerabilidad de la Corte a violaciones directas a la Constitución, y este mensaje no hubiera sido solamente para el Presidente; también lo habría sido para el Congreso.

Si la Corte Suprema encuentra en la interpretación histórica y originalista de sus documentos fundacionales la fórmula que refuerce sus argumentos y construya sus razones decisorias del fallo que habrá de emitirse, entonces se deben tomar los textos antiguos completamente y no parcialmente, pues solo así se les daría un sentido materialmente cabal a los pronunciamientos de los Padres Fundadores, y con mayor énfasis a las discusiones y debates que dieron origen a la Constitución.

En el caso de la sentencia que ahora críticamente se ensaya, el Juez Frankfurter al inicio de su voto concurrente hace referencia a la democracia constitucional; lo valiosa que esta es y lo difícil que resulta gestionarla con éxito. En cambio, la Orden Ejecutiva del Presidente alteró el sistema democrático constitucional —quizá parezca que exagero, pero en mi defensa diré que para un constitucionalista la violación a la norma fundante nunca es ni será una cosa menor—, y de eso tan sustantivo como trascendente no hay pronunciamiento directo por parte del Tribunal Constitucional.

Con relación a lo anterior, Riccardo Guastini nos dice que

> un Estado puede llamarse constitucional, o provisto de constitución, si, y solo si, satisface dos condiciones (disyuntivamente necesarias y conjuntivamente suficientes): a) por un lado, que estén garantizados los derechos de los ciudadanos en sus relaciones con el Estado;

b) por otro, que los poderes del Estado (el poder legislativo, el poder ejecutivo o de gobierno, el poder jurisdiccional) estén divididos y separados (o sea, que se ejerzan por órganos diversos).[263]

Esto nos lleva a confirmar que mientras estuvo vigente la Orden Ejecutiva hasta su purga del sistema jurídico, prevaleció momentáneamente una fisura en el Estado constitucional de derecho, porque si se lee con atención lo dispuesto por Guastini, aunque los derechos están garantizados en la Constitución, ello no impidió su violación material, y se difuminó la división y separación de poderes con la intromisión del Presidente al apropiarse de una facultad conferida al Congreso.

Por supuesto, la aseveración antes realizada puede refutarse y decirse que no hubo tal violación; que no hubo usurpación de poderes porque la justicia constitucional desplegó sus competencias constitucionales y dejó sin efecto la Orden Ejecutiva, restituyéndoseles su propiedad a los confiscados. En respuesta se debe decir que la trasgresión al orden constitucional existió y por eso los jueces constitucionales intervinieron.

A manera de cierre, si se admite que los Tribunales Constitucionales no pueden ser los únicos intérpretes de la Constitución, y aceptamos que los otros dos poderes también pueden realizar interpretación constitucional, se debe atender a esta afirmación con cierto grado de cautela, porque si la Constitución para el funcionamiento de sus órganos estatales se apoya más en las reglas que en los principios, sería un tanto cuestionable que un poder constituido no sea capaz de diferenciar entre sus propias facultades constitucionales de aquellas que le corresponden a los otros poderes públicos.

263 Guastini, Riccardo. *Teoría Constitucional.* [trad.] Miguel Carbonell. Ciudad de México: Centro de Estudios Jurídicos Carbonell, A. C., 2021. pág. 4.

III. Conclusiones

La sentencia *Youngstown Sheet & Tube Co. vs. Sawyer* es uno de los precedentes de mucha valía en el sistema de control de constitucionalidad estadounidense, porque puso de relieve la importancia de los límites constitucionales referentes al principio de separación de poderes, y del sistema de los pesos y contrapesos entre poderes públicos.

Cabe decir que la Corte Suprema ya se había pronunciado en otro caso al principio de división de poderes.[264] No obstante, la sentencia examinada para este ensayo crítico constituyó la primera controversia donde se estudió con mayor minucia el ejercicio de las potestades del Poder Ejecutivo conferidas por la norma suprema.

Asimismo, esta sentencia sirvió como precedente en la resolución del caso Buckley *vs.* Valeo, en donde se cita el voto concurrente del Juez Jackson y se desarrolla más sustantivamente el principio de separación de poderes.[265]

Los Tribunales Constitucionales hablan a través de sus sentencias, pero, por más políticamente que se quiera emplear el lenguaje, las palabras existen para ser usadas. En este contexto y caso en particular, se podía realizar un estudio constitucional mucho más expansivo de lo que se hizo respecto a los derechos fundamentales conculcados, y la forma en cómo un poder constituido se atribuyó para sí facultades de otro poder.

---

264 P. ej. Hampton & Co. *vs.* United States, 276 U.S. 394 (1928).

265 Véase Villa Berger, Patricia, Estrada Michel, Rafael y Ann Lindquist, Stefanie. *Buckley vs. Valeo. Sentencia 424 U.S. 1. Corte de Apelaciones de los Estados Unidos para el Distrito de Columbia*. Ciudad de México: Editorial TEPJF, 2016. Vol. X.

Quizá por la época [1952] se cuidaba más la forma que el fondo, y se le tenía un trato un tanto especial a la figura presidencial. Sin embargo, esta no es razón suficientemente válida para que la Corte no se pronunciara como se ha demostrado que tenía que hacerlo, esto es, analizando el caso en todo su conjunto, de forma completa y rigurosa.

No se le resta para nada su valor a la sentencia, pero el Juez de Distrito que primero conoció del asunto lo dijo muy claramente: «este no es momento para acciones judiciales "tímidas"». A mi parecer, paradójicamente, la Corte Suprema, al final de cuentas, sí claudica hasta cierto punto frente a la timidez.

Por último, y alejándonos un poco de la esencia de este ensayo crítico, a manera de comentario final en especie de derecho constitucional comparado, permítaseme referir que nuestro sistema constitucional mexicano de pesos y contrapesos se basa en buena parte en el constitucionalismo estadounidense. Por ello, es útil señalar que, en el amparo en revisión 301/2001, la Segunda Sala de la Suprema Corte de Justicia de la Nación, al analizar el principio de división de poderes, hace una exploración a la competencia flexible de las facultades de los poderes constituidos, y cuyo estudio hizo la Corte Suprema de Estados Unidos en la sentencia *Youngstown Sheet & Tube Co. vs. Sawyer.*

La tesis aislada que derivó del amparo en revisión antes señalado, dispone, *inter alia*, que

> ... la intención del Constituyente no fue la de reservar a cada uno de los tres poderes la emisión de actos propios de sus funciones exclusivamente, sino que, en aras de permitir el funcionamiento de los propios órganos y, a la vez, lograr un equilibrio de fuerzas y un control recíproco que garantizara la unidad política del Estado en beneficio del pueblo mexicano, [...] se otorgaron a los poderes facultades para emitir actos diversos a los que formalmente les correspondería; [...] por lo que, si al

realizarse la división de poderes el Constituyente, en ninguna disposición, reservó al Poder Legislativo la emisión de la totalidad de los actos materialmente legislativos, al Ejecutivo los actos materialmente administrativos y al Judicial los actos materialmente jurisdiccionales, no existe fundamento para sostener que se transgrede el principio en cita por el hecho de que se confiera a una autoridad administrativa, legislativa o judicial la facultad de emitir actos diversos a los que formalmente corresponden [...].[266]

266 Tesis 2a. CXXV/2002, con registro digital 185653. Fuente: Semanario Judicial de la Federación y su Gaceta. Tomo XVI, octubre de 2002, página 474.

IV. Fuentes de consulta y referencias

1. Cámara de Diputados. Las Constituciones de México 1814-1991. Ciudad de México: Comité de Asuntos Editoriales México, 1991.
2. Barak, Aharon. Un juez reflexiona sobre su labor: el papel de un Tribunal Constitucional. [trad.] Estefanía Vela Barba. Ciudad de México: Dirección General de Planeadón de lo Jurídico de la Suprema Corte de Justicia de la Nación, 2008.
3. Barker, Robert S. Separación de poderes en los Estados Unidos: resumen y actualización. 68, Buenos Aires: Facultad de Derecho y Ciencias Sociales, 1995, Lecciones y Ensayos.
4. Canosa Usera, Raúl. Interpretación Evolutiva de los Derechos Fundamentales. [coords.] César Astudillo y Jorge Carpizo. Constitucionalismo. Dos siglos de su nacimiento en América Latina. Ciudad de México: Instituto de Investigaciones Jurídicas de la Universidad Nacional Autónoma de México, 2016.
5. Comanducci, Paolo. Modelos e interpretación de la Constitución. [coord.] Miguel Carbonell. Neoconstitucionalismo. Ciudad de México: Centro de Estudios Jurídicos Carbonell, A. C., 2017.
6. Guastini, Riccardo. Teoría Constitucional. [trad.] Miguel Carbonell. Ciudad de México: Centro de Estudios Jurídicos Carbonell, A. C., 2021.
7. James, Madison y Hamilton, Alexander. Usurpación de Poderes. XLIX, Nueva York, 5 de febrero de 1788, El Federalista.

8. Kelsen, Hans. La garantía jurisdiccional de la Constitución. La justicia constitucional. [trad.] Rolando Tamayo y Salmorán. Ciudad de México: Cento de Estudios Jurídicos Carbonell, A. C., 2107.
9. Madison, James. Equilibrio de poderes. LI, Nueva York, 8 de febrero de 1788, El Federalista.
10. Maya Mendoza, José Luis. Youngstown Sheet & Tube Co. *vs.* Sawyer (1952). División de Poderes. [coord.] Ricardo Alfredo Sodi Cuellar. Sentencias relevantes de la Corte Suprema de los Estados Unidos: una revisión desde la judicatura mexiquense. Ciudad de México: Tirant lo Blanch, 2022.
11. Nava Gomar, Luis Felipe. Parlamento Democrático y Justicia Constitucional. Ciudad de México: Tirant lo Blanch, 2018.
12. Villa Berger, Patricia, Estrada Michel, Rafael y Ann Lindquist, Stefanie. Buckley *vs.* Valeo. Sentencia 424 U.S. 1. Corte de Apelaciones de los Estados Unidos para el Distrito de Columbia. Ciudad de México: Editorial TEPJF, 2016. Vol. X.
13. Sentencia Hampton & Co. *vs.* United States, 276 U.S. 394 (1928).
14. Sentencia Youngstown Sheet & Tube Co. *vs.* Sawyer.
15. Tesis aislada 2a. CXXV/2002, con registro digital 185653.
16. Jurisprudencia 2a./J. 33/2012 (10a.), con registro digital 2000579.
17. Tesis aislada 2a. CXII/2016 (10a.), con registro digital 2012995.

www.ingramcontent.com/pod-product-compliance
Lightning Source LLC
LaVergne TN
LVHW040416051026
849517LV00002B/337
* 9 7 8 9 5 6 6 4 0 4 8 5 9 *